THE CONSUMMATION LEESOO BAZI MASTERY*

Four pillars of Destiny from the zoological point of view

命理36禽獸

下卷

전경백 · 방영애 共著

장서원
도서출판

命理36禽獸 目次

下卷

上卷

尊師自記

어느 날 삼명통회三命通會를 주마간산하다가 "又古人看命之法以十二相生加三十六禽, 就知其人平生發達及食祿之方, 或宜於朝, 或宜於外, 或宜於水, 或宜於山, 或江湖海畔, 而南北東西有定分焉. 其術微妙. 又不專子平看也. 故術者必兼諸家之長方盡其理"의 대목에 머물러 잠시 생각에 잠긴 적이 있다. "옛사람들은 운명을 헤아릴 때 십이상생十二相生에 삽십육금三十六禽을 더하여 그 사람의 평생 발달과 식록의 방향, 혹 조정朝廷이 마땅한지 외정外庭이 마땅한지, 산이 좋은지, 물이 좋은지, 강가나 못 언저리 바닷가 등 동서남북으로 정해진 분수를 알았다. 그 술수가 미묘하고 또 자평子平으로만 본 게 아니므로 술가들은 필시 제가諸家의 장점과 방법을 겸해야만 이치에 도달할 것이다."

하지만 지금 구체적인 기록을 찾을 수 없다. 사고전서

四庫全書를 죽 더듬어 살펴도 실제적인 내용이 없다. 오행대의五行大義를 시작으로 몇 종의 연관되는 단문들을 찾아 읽어보았지만 그다지 쓸 데가 없다. 학자여우모성자여린각學者如牛毛成者如麟角이라 했던가! 원래 배우는 사람은 소의 털과 같이 많고 이룬 사람은 기린의 뿔과 같이 드문 법이다. 사정이 이러하면 나는 스스로 연구하고 창작하는 사람이다.

오래전부터 십이지에 배속된 동물들의 생태와 성향에 바탕을 두고 한 개인의 성정과 행동 패턴의 일면을 밝히는 가벼운 소재들이 널리 퍼져있었지만, 그 내용이 보잘 것 없고 일정한 원칙이 서 있지 않으므로 별반 흥미를 가지지 않았다. 그런데 고인들은 이미 사람들의 다양한 삶과 중대사를 두고 서른여섯 마리의 금수에 비유하여 요긴히 분석했다는 얘기다. 그렇다면 그 간명看命의 비결이 무엇이었을까? 명리命理의 원칙은 연年이 본本이고, 일日이 주主다. 이것은 자평子平 이전 전국시대戰國時代, 명리학의 시원始原을 연 귀곡자鬼谷子의 찬문撰文에 '연위일지본일위명주年爲日之本日爲命主'로 확정된 사항이다. 얼핏 떠올려 연일年日의 관계로 동물 상호 간의 관계를 살핀다면 조금 더 개량된 통설이나 고법古法의 복원을 꾀할 수 있을 법하다. 그러나 보통 가벼운 궁리는 그저 잡설 하나를 보태는 것으로 그치고 만다.

먼저 동한東漢의 사상가인 왕충王充의 글을 살펴보겠다. 논형論衡, 물세편物勢編에 "혹자는 주장하길, '寅은 木이며 해당 동물은 호랑이다. 戌은 土로 이에 해당하는 동물은 개다. 丑가 未도 土로 소와 양이다. 木은 土를 극克하므로 개와 소, 양은 모두 호랑이에게 제압당한다. 亥는 水고 동물은 돼지다. 巳는 火로 동물은 뱀이다. 子 또한 水로 동물은 쥐다. 午 또한 火로 동물은 말이다. 水는 火를 극하니 돼지는 뱀을 먹는다. 火는 水로 인해 해를 입으므로 말이 쥐똥을 먹으면 창자가 꼬인다'고 한다. 이 말을 논박하겠다. 과연 논자의 말대로라면 혈기를 지닌 동물 중에 상호 제압하지 못하는 증거도 나타난다. 午는 말이고, 子는 쥐다. 酉는 닭이고, 卯는 토끼다. 水가 火를 극한다면 쥐는 왜 말을 쫒지 못하는가? 金이 木을 극한다면 닭은 왜 토끼를 쪼지 못하는가? 亥는 돼지다. 未는 양이다. 丑은 소다. 土가 水를 극한다면 소와 양은 왜 돼지를 죽이지 못하는가? 巳는 뱀이다. 申은 원숭이다. 火가 金을 이긴다면 뱀은 왜 원숭이를 먹지 않는가? 원숭이는 쥐를 겁낸다. 원숭이를 무는 것은 개다. 쥐는 水고 원숭이는 金이다. 水는 金을 극하지 않는데 원숭이가 왜 쥐를 겁내는가? 戌은 土다. 申은 원숭이다. 土가 金을 극하지 않는데 원숭이는 왜 개를 겁내는가? 동쪽은 木이며 그 별은 창룡倉龍이다. 서쪽은 金이며 그 별은 백호白虎다. 남쪽은 火로 그 별은 주조朱鳥다. 북쪽은 水로 그 별은 현무玄武다. 하늘에는 네 별의 정기가 있으며 그것이 내려와 네 짐승의 형체(용, 범, 새, 거북)를 이루었다. 무릇 혈기를 지닌 동물 중에 네 짐승을 으뜸으로 치며 이들이 지닌 오행의 기가 가장 뚜렷하다. 용과 호랑이가 만나도 서로 해하지 않고, 새와 거북이 만나도 서로 해하지 않는 것을 살펴보라. 네 짐승으로 증험하고 십이지의 동물로 고찰해 보면 오행을 지닌 동물이 기의 성질에 따라 서로 제압된다는 것은 더욱 사실과 맞지 않는다. 만물이 서로 누르고 해치며 혈기를 지닌 동물이 상호 복종하고 서로 잡아먹게 되는 것은 치아의 둔하고 예리함, 근력의 우열, 움직임의 민첩성, 기세의 흉맹함 정도에 달렸다고 생각한다. 만일 사람이 세상에서 서로의 세력이 필적하지 못하고 힘이 균등하지 못하면, 자연히 상대를 이기고 복종하는 현상이 생긴다. 힘으로 상대를 복종시킬 때는 칼로 상대를 해친다. 사람이 칼로 상대를 해하는 것은 마치 동물이 이빨이나 뿔, 발톱 등으로 상대와 맞서 싸우는 것과 같다. 힘이 강하고 뿔이 예리하여 기세가 크고 이빨이 길면 이길 수 있고, 기세가 약하고 발톱이 짧고 담이 작고 발톱이 둔하다면 복종하고 두려워한다. 사람에게 용감하고 겁을 내는 성질이 있기 때문에 싸움에 이기고 지는 것이지, 승자가 반드시 金의 기운을 받고 패자는 필시 木의 정기를 받았기 때문이 아니다. 공자孔子가 양호陽虎를 두려워하고 도망가며 땀을 흘린 것은 양호의 안색이 희어서도 아니고, 공자의 안색이 푸르기 때문도 아니다. 매가 기러기나 참새를 공격하고, 올빼미가 고니나 기러기를 쪼아 먹는 것은 매나 올빼미가 남쪽에서 나고 고니나 기러기가 서쪽에서 나기 때문이 아니다. 자연적인 근력으로 용맹한가, 겁이 많은가에 따라 서로 이기고 복종하는 것이다. 한 집안에는 반드시 논쟁거리가 있고 마을에는 송사訟事가 있다. 송사에는 필시 곡직曲直이 있고 논쟁에는 시비是非가 있다. 대개 바르지 않고 왜곡된 자는 패하고, 옳고 바른 자는 이긴다. 말재주가 좋고 예리한 변설을 지니며 말이 분명하고 유창한 사람이 이길 수도 있으며, 언변이 약하고 둔하며 말을 더듬고 달변이지 못한 자는 패할 수도 있다. 혀로 논쟁하고 송사하는 것은 마치 칼과 창으로 싸우는 것과 같다. 예리한 칼과 긴 창을 지닌 데다 손과 발이 건장하고 빠른 자는 이기고, 둔한 칼과 창을 지닌 데다 손발이 느리고 둔한 자는 진다. 동물이 상대를 이기는 것은 근력이 있거나, 기세가 있거나 혹은 민첩함이 있기 때문이다. 기세가 있고 입과 발이 민첩하면 몸집이 작아도 큰 것을 제압하며 근력이 없고 뿔과 날개에 힘이 없다면 몸집이 커도 작은 것에 복종한다. 까마귀가 고슴도치의 껍질을 먹고 때까치가 뱀을 먹는 것은 고슴도치와 뱀이 민첩하지 못하기 때문이다. 문망주우양蚊蝄走牛羊, 모기나 등에의 힘은 소나 말만 못하지만 소와 말이 그들에게 곤혹을 당하는 것은 모기와 등에의 기세 때문이다. 사슴의 뿔은 개를 해치기에 충분하고 원숭이의 손은 쥐를 잡기에 충분하다. 그러나 사슴이 개에게 제압당하고 원숭이가 쥐한테 복종하는 것은 뿔과 이빨이 예리하지 못해서다. 까닭에 큰 소가 목동에게 몰리고, 거대한 코끼리가 월越나라 아이들에게 구속을 받는 것은 민첩하지 못하기 때문이다. 그러므로 민첩하고 영민함을 가지고 있으면 몸집이 작아도 큰 것을 이길 수 있고, 영민하지 않다면 힘이 세도 연약한 것에 굽히게 된다."

무엇이 옳고 그른가? 木이 土를 이기니 범이 개를 제압한다고 말한 일부 유자儒者들의 단견에 비해 왕충의 논변은 한층 합리적으로 여겨진다. 그러나 이게 다가 아니다. 무릇 오행은 절대적인 관계로만 성립되지 않는다. 木과 土, 水火와 같이 양자 간에 어느 한쪽이 일방적으로 이기고, 지는 법이 없다. 이 보다 훨씬 복잡하고 유기적이어서 어느 것 하나 단정하기 어렵다. 그리고 반드시 변한다. 이를테면 寅과 戌은 木이 土를 이기는 게 아니라 오히려 합생合生한다. 巳와 亥에서 水가 火를 이기는 게 아니라 둘 다 절멸絶命하는 관계가 기본이다. 돼지는 뱀을 먹지만, 뱀도 돼지를 삼킬 수 있다는 얘기다. 어디 이뿐이겠는가? 지지에 36마리의 금수禽獸를 배당하면 한층 복잡한 관계가 성립된다. 오소리가 닭장을 습격하지만, 솔개는 토끼는 사냥한다. 卯가 酉를, 酉가 卯를 각기 이기는 상황이다. 우주와 자연 뿐만 아니라 동물계에도 일방적으로 제압하거나, 제압당하는 법이 없다. 인간은 지렁이도 먹고, 지렁이를 먹은 물고기도 먹는 만물의 영장이지만 생태계의 최하부에 놓인 지렁이에 의해 시신이 해체된다. 자연계의 질서는 이 같은 식으로 순환한다. 왕충이 말한 근력과 지혜, 민첩함의 이면에는 음양오행의 거스를 수 없는 계기契機가 작동한다.

이제 간지干支의 회합會合과 형충파해刑沖破害 등의 제 작용을 모두 동물이 살아가는 모양이나 상태로 설명해 보겠다. 이것이 서둘러 내린 결론이다.

論鹿 午 丙*

사슴과 말은 같이 午火에 배당된 동물이다. 그러나 염연히 다르다. 록鹿은 천자天子를 상징한다. 그래서 천자의 자리를 중원지록中原之鹿이라 했다. 정권이나 지위를 얻기 위해 다툼을 이르는 말이 축록逐鹿이다. 까닭에 양중지양陽中之陽의 丙火는 곧 사슴으로 비유된다. 일본어로 馬鹿野郞(ばかやろう:바카야로)는 곧 바보라는 의미다. 즉 말과 사슴도 구별할 줄 모른다는 뜻이다. 진秦의 시황제始皇帝는 죽기 전에 장자 부소扶蘇를 불러 장례식을 치르라는 조서詔書를 남겼다. 이는 곧 후계자로 지명한다는 얘기이다. 이때 환관 조고趙高는 조서를 위조하여 후궁의 소생인 호해胡亥를 황제로 만들었다. 조고는 호해를 허수아비로 만들고 승상인 이사李斯를 처치한 다음 스스로 황제에 자리에 오를 야심을 품었다. 그런데 조정의 대신들이 얼마나 자신을 지지할지가 문제였다. 어느 날 조고가 신하들 앞에서 호해에게 사슴 한 마리를

바치며 '말을 헌상'한다고 말했다. 그러자 호해가 농弄이 심하다며 '지록위마指鹿爲馬라니...'했다. 조고는 정색을 하며 이것은 분명 말이니 믿지 못하면 이 자리에 있는 대신들에게 물어 보라고 했다. 조고를 두려워한 신하들은 '말이 맞다'고 했고 더러는 사슴이라고 말한 신하도 있었다. 조고는 사슴이라고 말한 사람을 모두 기억해 두었다가, 후에 가차 없이 죽였다. 그러자 이후에는 조정에 조고의 뜻을 거스르는 이들이 한 사람도 없게 됐다. 그러므로 사실이 아닌 것을 사실로 만들어 강압으로 인정하게 하거나, 윗사람을 농락하며 권세를 마음대로 휘두를 때를 가리켜 지록위마指鹿爲馬 내지 이록위마以鹿爲馬라 한다. 이처럼 사슴과 말은 다른 동물이지만, 어찌 보면 같은 午火의 의수擬獸로 전혀 다르다고도 볼 수 없을 것 같다.

회남자淮南子에 "사슴을 쫓는 사람은 토끼를 돌아보지 않고, 천금의 물건을 흥정하는 사람은 푼돈을 놓고 다투지 않는다"는 말이 있다. 축록자불고토逐鹿者不顧兎란 명예나 욕심에 사로잡힌 사람이 도리를 저버리거나, 눈앞의 위험을 돌보지 않는 경향을 비유한 말이다. 사슴에게 토끼는 도움이 안 되지만, 덕분에 토끼는 산다. 午卯

가 破하면 대개 卯는 생生을 얻고 午는 병病들기 마련이다.

사슴은 나뭇잎이나 딸기 같은 열매를 먹고 사는데 종종 먹이가 전혀 남아 있지 않을 때까지 한 곳에 머물러 있다가 죽기도 한다. 사슴은 늑대와 같은 천적天敵이 다가올 때에만 다른 지역으로 도망가서 먹이를 발견하고 살아남기도 한다. 그러니 천적인 늑대가 오히려 목숨을 구해 주기도 하는 것이다. 午는 戌에 입묘入墓하지만 어쩔 때는 戌庫에서 안식을 구하기도 한다. 이것은 화고火庫만이 지닌 특징이다. 예로부터 양과 사슴은 길한 동물로 여겨졌다. 둘 다 사람을 해치지 않고 성질이 온순했기 때문이다. '미美, 선善, 의義, 상祥, 선鮮'과 같이 좋은 의미를 담은 글자에는 양羊이 속해 있다. 사슴도 마찬가지다. '려麗나 경慶, 린麟'에는 록鹿이 들어 있다. 午未合은 육합六合 중에 가장 이상적인 합이다. 午는 未에서 관대冠帶하고, 未는 午에서 록祿을 얻기 때문이다. 그렇다고 해서 양과 사슴이 매양 순한 게 아니다. 午와 未는 현침懸針을 대표하는 글자로 찔러 죽이는 기운이 있다. 하물며 양인羊刃이겠는가. 항우項羽가 남긴 성어 중에 거록鉅鹿이라는 말이 있다. 전투에서 유래된 이 말은 살아 돌아가기를 기약하지 않고 맹렬한 기세로 싸운다는 뜻이다. 이것은 지명이기도한데 1108년에 황허黃河 강의 범람으로 묻혀 있다가 1918년부터 발굴되었다. 항우가 진나라 장군 장한章邯의 군대를 대파大破한 곳으로 유명하다.

*memory

鹿	子	丑	寅	卯	辰	巳	午	未	申	酉	戌	亥
午 丙				午 卯 破				午 未 合			午 戌 養	
√				√				√			√	
				逐 鹿 失 兎				鹿 羊 吉 獸			豺 尙 鹿 活	

論馬牛

사람에게 이로운 동물이 참 많지만, 많은 노동력을 제공하기로는 마소가 으뜸이다. 원래 말을 셀 때는 '필'이라 하고 소를 셀 때는 '마리'라 했다. 말은 야간에 옷감 한필에 해당하는 거리의 시력을 가졌고, 소는 한마에 해당하는 거리밖에 볼 수 없었다. 그래서 옛날 전쟁터에서 군인들이 야간에 기습을 할 때는 말을 이용했고, 소는 뿔이나 마차 위에 불타는 장작더미를 쌓아 놓고 적진에 투입했다. 앞이 보이지 않는 소는 뒤돌아 설줄 모르니 적군에게는 참으로 곤혹스러운 대상이었다. 이렇게 유용한 두 동물은 서로 궁합이 맞지 않다. 마차에 소와 말을 함께 묶어 끌게 하면 제자리만 뱅뱅 돌고 만다. 서로를 사납게 대하며 각자 다른 방향으로 마차를 끌고 가려 한다. 그래서인지 마우馬牛를 동시에 쓰는 성어에는 예외없이 보잘것없는 뜻이 담겨 있다. 일례로 학식이 없거나 예의를 모르는 사람을 조롱해 이르는 말로 마우금거馬牛

襟裾가 있다. 또 도리에 어긋나는 경우를 두고 뿔이 없는 송아지와 뿔이 있는 말의 뜻으로 동우각마童牛角馬로 비유하기도 한다. 대개 말은 개와 짝을 이루어 충忠을 나타내는데, 소는 개와 짝을 이루지 못하고 광狂의 공통분모만 성립될 뿐이다. 寅午와 午戌은 얼핏 같아 보여도 속뜻이 크게 다르다. 앞은 사사死死의 포태胞胎 조합이고, 뒤는 양왕養旺이다. 寅午는 마치 마이동풍馬耳東風과 같고 午戌은 견마지충犬馬之忠 혹은 구마지심狗馬之心의 공功으로 나타나기 쉽다. 丑戌은 광견광우狂犬狂牛의 재앙을 초래키도 하는 것이다. 말은 원숭이와도 어긋난다. 申과 午는 쌍방이 욕패浴敗에 놓이는 까닭이다. 날뛰는 말과 떠드는 원숭이는 진정시키기 어려운데 번뇌와 정욕情慾으로 마음이 흐트러져 억누를 수 없는 지경을 두고 의마심원意馬心猿猿이라 한다.

준족사장판駿足思長阪, 잘 달리는 말은 긴 고개에서 달려 보고 싶어 한다는 뜻이니 영웅호걸이 때를 만나 자기 재능을 충분히 발휘하고자 함을 비유하는 말이다. 우리의 조상은 수천 년 전 상고시대부터 중앙아시아의 초원과 만주벌판에서 말을 달리며 누비던 기마민족이었다. 돌이켜 보면 우리의 '빨리빨리' 문화는 60년대의 절대 빈

곤에서 탈출하는데 큰 위력을 발휘했다. 경부고속도로는 착공한 후 불과 2년5개월 만에 완공해 세계 고속도로 건설사상 최단시간의 기록을 작성한 초스피드 공사였다. 당시의 공사 구호 자체부터가 '빨리빨리'였다. 근래에는 초고속 인터넷 서비스에서 압도적인 기록을 달성했다. 1997년에 초고속 인터넷 서비스를 시작한 지 불과 7년 만에 전체 가입자 수는 1천2백만 명에 달하게 됐고, 백 명당 초고속 인터넷 가입자 수도 23명 정도로 세계 1위의 기록을 달성했다. 조선 산업과 자동차 산업에서 급속한 발전과 경이로운 성과를 냈다. 어쨌거나 Dynamic Korea라는 국가 슬로건은 그런대로 적절했다. 그런데 '다이나믹 부산'은 또 뭔가?

*memory

馬	子	丑	寅	卯	辰	巳	午	未	申	酉	戌	亥
午		丑 午 鬼	寅 午 死						申 午 浴		午 戌 會	
√		√	√						√		√	
		童 牛 角 馬	馬 耳 東 風						意 馬 心 猿		犬 馬 之 忠	

論獐 午 丁*

노루는 겨울에도 양지보다 음지를 선택하여 서식하는 특징이 있다. 그래서 午陽인 동시에 丁陰에 별렀다. 성정이 온순하고 겁이 많으며 빠른 질주력을 가지고 있다. 그런데 천적이 보이지 않으면 정지해서 주변을 살피는 습관이 있다. 그래서 호랑이나 표범, 늑대, 독수리 등에게 자주 습격당한다. 새끼라도 생후 1시간이면 걷고, 이틀만 지나도 사람이 따라갈 수 없을 정도로 잘 뛴다. 午馬의 특징이다. 피장봉호避獐逢虎, "노루를 피하니 범이 온다"는 우리 속담의 한역漢譯이다. 장애를 건너고 나니 더 큰 고난이 닥쳤다는 말인데 재난이 겹쳐 해쳐나가기 더욱 어렵게 되었다는 뜻이다. 이렇게 寅午가 겹치면 대개 죽을 지경에 처하는 수가 많다. 또 "도망치는 노루 보다가 잡았던 토끼 놓친다"는 격언도 있다. 이래저래 토끼는 노루덕택에 목숨을 구한다. 午卯破에 午는 卯에서 병지病地에 들지만 卯는 午에서 장생長生한다. 늑대에게 물리면 午가 戌로 입묘入墓하는 물상이다.

고려와 조선의 태조太祖인 왕건王建과 이성계李成桂는 많은 공통점을 갖고 있다. 두 사람 모두 독실한 불교신앙을 갖고 있었다. 왕건에게는 도선道詵, 이성계에게는 무학無學 대사가 있었다. 이들은 모두 풍수風水에 밝았다. 당시에는 무불풍武佛風이 성격상 서로 어울릴 수밖에 없었다. 풍수는 다름 아닌 군사지리학이었던 것이다. 또 하나의 공통점은 적이라도 감싸는 포용력이었다. 아들 이방원李芳遠에 의해 처참한 말로를 맞긴 했지만 이성계는 마지막 순간까지 고려를 지키려 했던 정몽주鄭夢周를 끌어안기 위해 부단히 노력했다. 그런 이성계도 조선을 세운 후에 끝까지 자신을 따르려 하지 않았던 개경의 올곧은 선비들을 미워하여 "100년 동안 개경의 선비는 과거를 보지 못하도록 하라"는 명을 내렸다고 한다. 조선시대 개경에는 사대부라는 이름까지 없어졌을 정도다. 포용력만 놓고 보면 왕건이 이성계보다는 훨씬 윗길이었다. 군사적 우위를 확보하고서도 후백제나 신라가 투항해 올 때까지 무던히도 기다렸던 그다. 결국 후백제는 내분으로 붕괴되었고 신라는 경순왕이 머리를 숙이고 들어왔다. 그래야만 후백제나 신라의 백성이 새 나라의 통치를 받아들일 것으로 본 미래 통찰이었다. 그런 왕건도 도저히 용서 못할 사람들이 있었다. 후백제의 충청도 목천木川 사람들이었다. 동국여지승람東國輿地勝覽에 따르면 목천 사람들이 끝까지 투항을 하지 않고 버티자 돈豚, 상象, 우牛, 장獐 등과 같은 희귀성을 부여했다. 말 그대로 돼지, 코끼리, 소, 사슴의 동물 이름을 내린 것이다. 그만큼 왕건의 노여움이 컸다는 얘기다. 후에 豚은 돈頓으로, 象은 상尙으로, 牛는 우于로, 獐은 장張으로 바뀌었다. 목천木川을 본관으로 하는 이 네 성은 거의 멸문지화滅門之禍에 가까운 고초를 겪은 탓인지 고려 때는 말할 것도 없고 조선시대에도 이렇다 할 인물을 찾기가 힘들어졌다. 지금은 상씨와 우씨는 그런대로 가구 수를 유지하고 있으나 돈씨와 장씨는 생존자가 100명 내외로 겨우 명맥을 유지하고 있다. 丁亥와 壬午는 태지胎地에 놓인다. 어쩌면 목천 돈씨는 장씨와 연분을 맺어 자손의 번창을 꾀할 수 있을지도 모른다.

*memory

獐	子	丑	寅	卯	辰	巳	午	未	申	酉	戌	亥
午			寅午死	午卯破							午戌墓	丁亥胎
√			√	√							√	√
			避獐逢虎	逐獐失兎							豺害鹿獐	木川豚獐

論羊 未

양은 유대인에게 있어서 없어서는 안 될 짐승이었다. 고기와 젖과 의복을 제공해 주었다. 양은 팔레스타인의 거칠고 바라볼 것이 없는 산지의 풀과 그루터기에 돋아나는 새싹을 뜯어 먹으며 살아나갈 수 있었다. 동아시아에서 양은 십이지의 하나이다. 성경에서 양은 제사용 희생으로 사용되었으며, 종종 온순하고 어리석은 백성에 비유됐다. 알려지기로는 이미 신석기시대부터 개를 이용하여 집단적인 양떼들의 가축이 가능했다는 것이다. 최초의 목적인 식용이 일반적 의견이다. 戌은 未의 양지養地인데 개가 양떼를 외부의 위협으로부터 보호하는 그림이고, 늑대가 양을 덮치면 곧 戌未刑이 된다. 보통 형刑의 물상은 소송과 쟁투로 이어지기 쉽다. 최근 개 복제에 대한 독점적 특허권을 주장하는 '알앤엘바이오' 주장에 대해 '바이오아트사'는 '알앤엘바이오'가 복제양羊 돌리의 특허를 침해했다는 입장을 밝혔다. 복제양 돌리를 탄생시킨 영국 '로슬린' 연구소, 돌리 특허를 인수한 미국 '스타트라이센싱사' 측은 서울대 이병천 교수팀이 개 복제에 사용한 핵치환 기술이 돌리의 복제 기술을 모방한 것이라며 특허소송 방침을 밝힌 것이다. '바이오아트사'는 '스타트라이센싱사'로부터 개와 고양이 등의 복제에 대한 전용실시권을 양도받은 회사다. 고사에는 양과 개를 싸잡아 하찮은 것에 비유한 예가 많다. 견양犬羊은 곧 '별 볼 일이 없다'는 뜻이기도 하다. 재능이 없는 바탕을 두고 견양지질犬羊之質이라 말한다. 丑戌刑이 성립되면 丑中癸水와 戌中戊土가 짝을 이뤄 丑戌의 기물器物은 파괴되기 일쑤다. 未는 丑과도 형刑한다. 여기에는 별다른 생의生意가 없다. 소도 양도 둘 다 힘을 잃게 된다는 얘기다. 사정이 이러하면 문망주우양蚊蝄走牛羊이라, 모기와 등에마저도 소와 양을 쫓는 형국이 된다. 丑戌未와 달리 寅申巳 삼형三刑에는 생生의 의미가 나타난다. 巳는 寅에서 생하고, 申은 巳에서 생한다.

양은 온순하고 겁이 많지만 위협을 받으면 몹시 난폭해지기도 한다. 뜻밖의 재난과 사고를 암시하는 성분이 양인羊刃이다. 호랑이도 양으로 인해 체면을 구긴다. 거죽은 훌륭해도 실속이 없으면 양질호피羊質虎皮라 한다.

寅은 未에서 입묘入墓하는 까닭이다. 양이 무사할리 없다. 未는 寅에서 사死한다. 그래서 寅未 귀문鬼門이 무서운 것이다. 풍수에서도 寅未鬼의 방향을 잘못 건드리거나 수리하면 동티가 난다고 강조한다. 숫양이 무엇이든 뿔로 받기를 좋아하는데, 급기야 울타리를 받다가 뿔이 걸려 꼼짝도 못하게 된 처지를 일러 저양촉번羝羊觸蕃이라 말한다. 사람의 진퇴가 자유롭지 못하게 됐다는 얘기다.

*memory

羊	子	丑	寅	卯	辰	巳	午	未	申	酉	戌	亥
未		丑未沖	寅未鬼								戌未刑	
√		√	√								√	
		蚊走牛羊	羝羊觸蕃								犬羊之質	

論鷹 未

도가道家의 경전인 음부경陰符經에는 '은생어해恩生於害, 해생어은害生於恩'이라는 말이 있다. 같은 뜻으로 동양적 인간학을 논한 채근담菜根譚에는 '원인덕창怨因德彰, 구인은립仇因恩立'이 있다. 여기에는 은혜를 베푸는 요령까지 일러주고 있을 정도다. 덕을 베푼 게 오히려 화禍가 되는 사례는 주변에서도 얼마든지 찾아볼 수 있다. 초楚에서 벼슬을 하던 백주려伯州黎는 비무기費無忌의 모함으로 죽임을 당했다. 그의 아들 백비가 오자서伍子胥를 의지해서 오吳나라로 망명할 때 동병상련同病相憐하는 마음으로 받아들였다. 이때 같은 대부인 피리被離가 오자서에게 백비를 평하여 응시호보鷹視虎步라, 즉 눈길은 매와 같고 걸음걸이는 호랑이와 같아 살인을 할 상이니 결코 마음을 허락해서는 안 될 것이라고 조언했다. 오자서는 피리의 충고를 듣지 않았다. 후일에 월나라에 매수된 백비가 모함하여 오자서를 분사憤死하게 했다.

명리가命理家의 안목으로 보면 매와 호랑이의 비유가 예사롭지 않다. 寅未는 곧 원진怨嗔인 까닭이다. 보통의 원진이 아니다. 寅은 未에 입묘入墓하고, 未의 사지死地가 되기도 한다. 예나 지금이나 곤경에 처한 사람끼리 또는 적의를 품은 사람끼리 한자리나 같은 처지에 있을 때는 공동의 어려움이나 이득에 대해서는 서로 협력하다가도, 일단 성공하게 되면 성과를 독점하고 상대방을 파멸시키는 비정한 호랑이와 같은 인간이 어느 층에나 있다. 사람을 제외한 뱀의 대표적 천적은 매다. 돼지는 비단 뱀을 먹이로 삼는 게 아니므로 천적이라 할 수 없다. 巳가 未와 辛, 혹은 酉를 함께 보면 대패大敗가 된다. 매는 토끼도 사냥한다. 卯는 未에 입고入庫한다.

매와 기러기는 추隹에 인人이 더해진 새다. 둘 다 사람과 인연이 깊은 새 들이다. 기러기는 벼랑인 안厂에 있고 매는 집인 엄广에 있으니 매가 더 가깝다. 기러기는 예물로 쓰거나, 절기를 알려주는 철새로 인간의 덕성을 품었다고 여겼다. 해동청·보라매·송골매로 불리는 매는 사람이 길들이기도 한다. 고려시대에는 응방鷹坊을, 조선시대에는 내응방內鷹坊이라는 관청을 두고 매를 길러 꿩이나 토끼를 잡는 사냥이 성행했다. 눈이 지천으로 쌓인 한겨울 지리산 골짜기는 꿩 사냥 열기로 뜨겁게 달아올랐다. 공중에 띄운 해동청·보라매가 날카로운 부리와 발톱으로 더욱 매서운 눈을 부라리면 덤불 속에 숨어 있는 꿩은 매방울 소리를 듣거나 매의 발톱에 매달린 '시치미' - 주인의 이름을 표시한 헝겊 - 만 봐도 기가 질렸다. 이 순간 쏜살같이 매가 덮쳐 생치生雉를 물어뜯는다. 未는 酉에서 생生을 얻고 酉는 未에서 쇠衰한다. 팔자에 卯酉沖이 있고 여기에 未가 더해지면 난투亂鬪하는 상황이 발생하기 쉽다.

*memory

鷹	子	丑	寅	卯	辰	巳	午	未	申	酉	戌	亥
未			寅 未 怨	卯 未 會						未 酉 生		
√			√	√						√		
			鷹 視 虎 步	鷹 獵 野 兎						老 鷹 啄 雉		

論雁 未

기러기는 한자어로 안雁, 홍鴻이라 쓰고 옹계翁鷄, 또는 홍안鴻雁이라고도 한다. 몸은 수컷이 암컷보다 크며, 몸 빛깔은 종류에 따라 다르나 암수의 빛깔은 같다. 목은 몸보다 짧다. 부리는 밑 부분이 둥글고 끝으로 갈수록 가늘어지며 치판齒板을 가지고 있다. 다리는 오리보다 앞으로 나와 있어 빨리 걸을 수 있다. 땅 위에 간단한 둥우리를 틀고 짝지어 살며 암컷이 알을 품는 동안 수컷은 주위를 경계한다. 홍鴻의 뜻은 크다. 나라를 세우는 큰 사업은 홍업鴻業이다. 큰 명예는 홍명鴻名이라고 한다. 뭇사람의 존경을 받는 이름난 선비를 일러 홍유鴻儒다. 홍유란 깊은 사색을 거쳐 글을 짓고 체계가 있는 문장을 써내는 특출한 사람 중에서도 더욱 특출한 사람이다. 未는 곧 '붓'의 물상을 짓고 큰기러기의 날개는 높고 높은 하늘로 비상할 수 있다. 그래서 중국어로 뛰어난 문필, 문호文豪는 홍필鴻筆이라 한다. 큰 기러기와 고니의 뜻, 홍곡지지鴻鵠之志는 영웅英雄, 호걸豪傑의 원대한 포부抱負를 비유해 이르는 말이다. 말은 달리고 기러기는 난다. 마홍주비馬鴻走飛는 건전한 발전을 상징한다. 午는 未에서 관대冠帶하고 未는 午에서 제왕帝旺이 되는 까닭이다.

기러기 떼는 'V'자 모양으로 이동한다. 날개를 이용해 서로 상승 기류를 만들므로 혼자 나는 것보다 70%는 더 멀리 갈 수 있다. 리더가 힘들어하면 바로 뒤편의 기러기가 전면으로 나선다. 조금 전의 선두는 맨 뒤 열로 처진다. "호수가 얼어붙기 직전에 떠난다"는 기러기들의 행동 지침은 타이밍이 변화의 키포인트임을 말해 준다. 또 "함께 날아야 큰 힘이 된다"는 동물적 본능은 모든 조직원들이 뜻을 같이해야 혁신이 성공한다는 인간적 자각에 이르게 만든다. 가을에 여름새인 제비는 남쪽으로 날아가고, 겨울새인 기러기는 북쪽으로 날아간다. 길이 어긋나서 서로 만나지 못하여 탄식함을 이르는 말이 연홍지탄燕鴻之歎이다. 子는 未에서 입묘入墓하고 未는 子에서 절지絶地에 든다.

기러기 안雁과 응할 응應, 매 응鷹은 뿌리가 같은 글자다. 이들 세 글자의 뿌리가 되는 꼴을 보면 모양으로 열을 지어 날아가는 모습을 나타내고 그 안에 고개를 쭉 내민 새를 그렸다. 그런데 후에 이들 글자들은 의미를 구체화하면서 조금씩 바뀌게 되었다. 기러기의 삶의 방식인 서열을 지어 질서정연하게 철따라 이동하는 것에서 형제의 다정함과 자연에 순응하는 개념이 응應자에 살아 숨 쉰다. 그래서 응應은 곧 기러기의 마음이고, '응하다·대답·승낙하다·사랑하다'라는 뜻을 담고 있다.

*memory

雁	子	丑	寅	卯	辰	巳	午	未	申	酉	戌	亥
未	子 未 害						午 未 合					
√	√						√					
	燕 鴻 之 歎						馬 鴻 走 飛					

論貓 申

고양이는 고양이속屬에 속하는 포유동물이다. 야생 고양이는 약 10만 년 전부터 존재했으며, 9,500년 전부터 길들여진 흔적이 발굴됐다. 인류로부터 오랫동안 애완동물로 사랑받아 왔다. 그 기원은 고대 이집트인들이 쥐를 잡기 위해, 리비아 고양이 등의 야생고양이를 길들인 이후 애완동물이 된 것으로 추정되기도 한다. 한편 고양이는 가두어 기를 수 없었으며, 스스로 길들여졌다고 추측되기도 한다. 고대 이집트의 벽화에는 고양이를 새 사냥에 이용하는 그림이 있다. 한국, 중국, 일본에는 십이 十二支에 포함되어 있지 않지만, 태국과 베트남에서는 십이수十二獸 중 하나다. 애완견과는 달리, 옛 습성이 살아 있고 발톱을 숨길 수 있어서 쥐나 작은 새를 사냥할 수 있는데, 가시가 있는 혀로 뼈에 붙은 고기를 핥아서 먹을 수 있다. 팔자에 申이 辰을 보면 申에 해당하는 육신은 합생합작合生合作으로 필시 긍정적인 형태를 띠기 마련이다.

고양이하면 우선 생각나는 짝이 쥐다. 톰과 제리Tom and Jerry는 우둔한 고양이와 꾀 많은 생쥐가 주인공인 애니메이션으로 이 시리즈는 아카데미상을 수상할 정도로 오랜 인기를 끌었다. 여기서는 주로 고양이가 당한다. 하지만 보통 쥐는 고양이를 만나면 꼼짝 못한다. 누가 고양이 목에 방울을 달 것인가? 묘두현령猫頭懸鈴, 불가능한 얘기다. 그런데 궁지에 몰리면 쥐도 고양이를 문다. 그러니 申과 子는 결국 쌍방이 사死하는 불리한 조합이기 쉽다. 상하가 부정하게 결탁해서 나쁜 짓을 하거나, 도둑을 잡아야 할 사람이 도둑과 한패가 되는 현상을 일컬어 묘서동면猫鼠同眠, 묘서동처猫鼠同處라고 말한다. 어쨌거나 둘의 관계는 합슴이 드는 만큼 찰떡궁합이 될 때도 있다는 얘기다.

살해 메커니즘이 장착된 상자 안에 들어 있는 슈뢰딩거Schrdinger 고양이의 생사를 두고 말이 많은 것은 그것이 하필 고양이이기 때문이다. 삼명통회三命通會에 申이 무량無量하다고 했다. 헤아리기 어렵다는 얘기다. 申이 곧 神으로 통하는 까닭이기도 하다. 어쨌거나 명리의 예측 세계는 필연성으로 입증되지 않은 상태로만 우연성을 논할 뿐이다. 유럽의 동화인 장화 신은 고양이Le Chat Botté는 속임수를 써서 가난뱅이가 된 주인이 부자가 되도록 도움을 준 한 고양이에 관한 이 이야기로 수백 개의 변형이 존재한다. 장화를 신고 가방을 들고 다니는 고양이는 사냥한 토끼를 궁전으로 가져가 바치면서 주인을 부자로 만든 계기를 마련했다. 卯申鬼는 태지胎地의 조합이다. 끝도 없이 만들어 내는 것이다. 그리고 여기엔 일종의 기만 술책이 담겼다. 아이로니컬한 것은 유럽인들의 고양이에 대한 이중적 반응이다. 쥐를 잡는 뛰어난 재능이 고양이의 필요조건이었다면, 사납게 표변하는 성격으로 인해 극심한 탄압의 대상이 되기도 한다. 배신·배반·변절 따위의 상징이 되기도 했고, 심하게는 사탄의 대리자로 멸족의 위기에 몰리기도 했다. 뱀과 고양이는 이렇게 사탄Satan과 배신, 형벌과 연관됐다. 14세기 중기 전 유럽에 대유행한 페스트pest가 창궐했을 때 유럽인들은 고양이를 증오했다. 자연 쥐의 수가 급증했고, 그럼에도 불구하고 사람들은 페스트의 원인이 고양이에게 있다고 생각했다. 인간이 무지로 인해 스스로를 파멸에 빠뜨린 대표적 사례가 흑사병의 유행이었는데 싱겁지만 바뀌지 않는 진실 하나가 바로 '아는 것이 힘이다'. 사람과 쥐, 고양이의 질긴 인연은 申子會, 子巳胎,

巳申刑이 실상에서 어떻게 나타나는 지로 잘 살펴보라.

*memory

貓	子	丑	寅	卯	辰	巳		未	申	酉	戌	亥
申	申子會					巳申刑						
√	√					√						
	猫鼠同眠					貓蛇背恩						

論猴 申 庚*

서른여섯 마리의 동물을 십이지에 벼를 때 申에는 고양이와 원숭이가 속한다. 혹은 까마귀를 넣기도 하는데 보통은 원숭이를 원猿과 후猴, 또는 유狖로 나눠 배당한다. 이 책에서는 후猴로 통일해서 원숭이 하나로만 다룬다. 삼국유사三國遺事에는 원숭이 이야기가 나온다. "이차돈異次頓이 순교하자 하얀 피가 한 길이나 솟아올랐다. 하늘이 컴컴해졌다. 땅이 진동하며 빗방울이 떨어져 내렸다. 감천甘泉의 샘물이 말라 고기와 자라들이 다투어 뛰어올랐다. 나뭇가지가 부러지자 원숭이들이 떼 지어 울었다." 택리지擇里志에는 명命과 왜倭의 전투에서 원숭이들로 인해 혼란에 빠진 왜군들이 대패하여 시체가 가득했던 장면을 묘사하는 얘기가 있다. 庚金의 숙살지기肅殺之氣 때문일까. 유독 원숭이는 피와 관련된 고사故事가 많았다. 어쨌든 몇몇 기록을 살피면 옛날에는 우리나라에도 원숭이들이 있었을 법도 하다. 그런데 조선

후기부터는 원숭이의 존재가 아예 부정됐다. “동국東國에는 원숭이가 없다. 고금의 시인들이 원숭이 소리를 표현한 것은 모두 틀린 것이다"는 말까지 나왔을 정도다. 한 마디로 우리나라와 원숭이는 궁합이 맞지 않았다. 寅申沖의 물상일까? 寅과 申은 서로가 절지絶地에 놓이는 글자 조합이다.

조토燥土는 생금生金하지 못한다. 庚金은 未에서 관대冠帶하지만 팔자에 水가 없다면 무용無用하다. 초패왕楚覇王, 항우項羽는 진秦나라의 수도를 불태워버리고 유방劉邦을 추방하여 부귀영화를 누리며 자기는 금의환향錦衣還鄕해야 한다고 말했다. 그러자 한생韓生이 항우는 그런 의관을 할 됨됨이 못 된다며 목후이관沐猴而冠이라 비꼬았다. 원숭이가 관을 썼다는 뜻으로, 옷은 훌륭하나 마음은 사람답지 못함을 이르는 말이다. 未에서 申과 庚이 같으면서도 다른 결과를 보게 됨은 水가 ‘있고, 없고’의 차이에 달린 것이다. 한편 개와 원숭이의 사이처럼, 매우 사이가 나쁜 관계를 일컬어 견원지간犬猿之間이라 말한다. 申과 戌은 쇠衰하고 병病드는 관계라 좋을 리 없다. 하지만 치명적인 타격을 입는 일은 거의 없다. 대개 둘이 으르렁거리며 서로를 경계하다 끝나고 만다. 어쩌면 끝도 한도 없는 싸움이나 대립이 더 고통스러울 수도 있으므로 이 둘의 관계는 절대 바람직하지 않다.

무라카미 하루키村上春樹의 '세계의 끝과 하드보일드 원더랜드'에는 '천박한 섬의 원숭이 이야기'가 있다.

"어딘가 아주 먼 곳에 천박한 섬이 있었어요. 이름을 붙일 만한 섬도 아니죠. 아주 천박한 모양의 섬으로, 그곳에는 천박한 모양을 한 야자나무가 잘 어울리죠. 그 야자나무는 천박한 냄새를 풍기는 야자열매를 만드는데, 마침 그곳에는 천박한 원숭이가 살고 있고, 그 천박한 냄새를 풍기는 야자열매를 좋아해서 즐겨먹죠. 그리고 천박한 배설을 하죠. 그 배설물은 땅바닥에 떨어져 천박한 토양을 더욱 천박하게 하고, 그 토양에서 자란 천박한 야자나무를 더욱 천박하게 하는 거예요. 그러한 순환이 계속 되는 것이죠."

화자話者는 어떤 종류의 어두운 부분은 그 자체의 힘으로 자체의 사이클을 통해 점점 커지고, 어느 시점을 지나면 아무도 그것을 멈추게 할 수 없다는 점을 말하고자 한 것이다. 욕구를 중단할 수 없는 원숭이는 고사에도 몇 차례 등장한다. 생각은 말처럼 달리고, 마음은 원숭이처럼 설렌다는 뜻으로 번뇌煩惱와 정욕情慾 때문에 마음이 흐트러져 억누를 수 없음을 이르는 말이 의마심원意馬心猿이다. 申과 午는 각기 욕패浴敗에 들어 몹시 불리한 글자 조합이 된다. 그런데 명리는 사람의 탐심貪心이 속진俗塵에서 성취를 불러오는 인자因子로 간주한다. 술가術家들은 사물의 현상에서 일방적으로 '좋고·나쁘고'를 가려 취하는 법이 없다. 이래저래 申은 간단하게 규정할 수 없는 글자다. 申이 무량無量해서인가?

*memory

猴	子	丑	寅	卯	辰	巳	午	未	申	酉	戌	亥
申 庚			寅 申 沖				申 午 浴	庚 未 帶			申 戌 衰	
√			√				√	√			√	
			東 國 無 猴				意 馬 心 猿	沐 猴 而 冠			犬 猿 之 間	

論雉 酉

강원도 치악산雉岳山의 원래 이름은 적악산赤岳山이었다. 이 지역의 사람들이 '꿩이 보은報恩을 한 산'이라 해서 꿩·치稚자를 써서 치악산으로 바꾼 것이다. 은혜를 갚은 꿩의 전설은 대강 두 가지 버전으로 전해 내려온다.

"어느 선비가 과거를 보러 한양을 향해 떠났다. 적악산기슭 오솔길을 걸어가는데 숲속에서 꿩의 비명소리가 들렸다. 주위를 둘러보니 잔솔밭 아래 커다란 비단 구렁이가 꿩을 잡아먹으려고 똬리를 틀고 있다. 청년은 꿩을 불쌍히 여겨 활을 당겨 구렁이를 쏘아 죽였다. 그리고 길을 재촉하여 가는데 해가 저물었다. 깊은 산중에서 해가 저물어 부득이 인가를 찾게 되었다. 어두워서 찾아낸 집이 어느 절간이었다. 그런데 문을 여니 소복을 입은 여인이 나타났다. 나그네는 하루 밤 묶고 가기를 간청했다. 여인은 청을 들어주고, 저녁밥까지 차려 주었다. 곧 깊은 잠에 빠진 그는 몸이 부자유스러움을 느껴 눈을 떴다. 그런데 커다란 구렁이가 한 마리가 온 몸을 칭칭 감고 있지 않은가? 그는 놀라서 소리쳤다. '어째서 죄 없는 선비를 해치려 하는가?' 구렁이가 답하길, '손님은 오는 길에 살생을 했소. 그 구렁이는 내 남편이오. 그를 죽였으니 임자도 마땅히 죽음을 당하여야 하오'라고 말했다. 선비는 살려달라고 빌었다. 그러자 답하길, 이 절 뒤에 종루鐘樓가 있는데 종을 세 번만 울리면 살려줄 수 있다고 했다. 선비는 자신의 활 솜씨를 믿고 다행이라 생각했다. 날이 밝아 절 뒤뜰에 나가 보니 종루가 어찌나 높은지 생각했던 것과 달랐다. 그는 활을 힘껏 당겼지만 화살이 종에 미치지 못했다. 별수 없이 죽게 된 셈이다. 그런데 이때 종루의 종이 세 번 울리는 소리가 났다. 그러자 구렁이는 소리 없이 사라졌다. 웬 변고인가? 기이하게 여긴 선비가 종루 아래를 살피니 그곳에 꿩 세 마리가 죽어 있었다. 전날 살려준 꿩의 식솔들이 은혜를 갚으려 머리로 종을 치고 죽은 것이다."

이 절이 바로 한국에서 가장 높은 곳에 있다는, 해발 1,200m에 위치한 상원사라는 사찰이다. 전설의 다른 내용은 다음과 같다. 이 산기슭에 수행이 깊은 승려가 있었는데, 어느 날 산길에서 큰 구렁이가 새끼를 품고 있는 꿩을 감아 죽이려는 것을 보고 지팡이로 구렁이를 쳐서 꿩을 구하였다. 그날 저녁 승려는 폐사가 되다시피 한 구룡사에 도착해서 잠이 들었다. 한밤중에 승려는 가슴이 답답하여 눈을 떴는데, 구렁이 한 마리가 자신의 몸을 친친 감고 노려보며 "네가 나의 먹이를 먹지 못하게 했으니 대신 너라도 잡아먹어야겠다. 그러나 날이 새기 전에 이 산중에서 종소리를 들을 수 있다면 너를 살려 주겠다"고 했다. 상원사에 가야만 종이 있는데 시간상 도저히 불가능하여 포기한 채 죽음을 기다리고 있을 때 종이 세 번 울려왔다. 구렁이는 기뻐하면서 "이것은 부처님의 뜻이므로 다시는 원한을 품지 않겠다"는 말을 남기고 사라졌다. 승려가 상원사로 올라가보니 종루 밑에는 꿩과 새끼들이 피투성이가 된 채 죽어 있었다.

선비와 스님, 화살과 지팡이가 약간 다른데, 어쨌거나 뱀이 꿩으로 인해 먼저 죽고, 다음에 꿩이 또 죽었다. 巳와 酉는 서로 사死의 조합이 되는 까닭이다. 그 자리에 절이 남았다. 적赤(巳火)이 치雉(酉金)로 변했고 불상이 모셔졌다. 酉金은 사찰·불상의 물상을 짓는다. 사람이 짚고 다니는 지팡이는 未의 형상이다. 未 또한 사찰의 물상을 짓는다. 巳酉가 합合하면 둘이 죽어 새로운 금형金形을 만들어 내는 것이다. 따져보니 未의 화살과 지팡이가 결국 꿩을 죽인 동기가 됐다. 확치자응攫雉者鷹, '꿩 잡는 게 매'여서 일까? 酉는 巳에서 사死하고 未에서 쇠衰한다.

*memory

雉	子	丑	寅	卯	辰	巳	午	未	申	酉	戌	亥
酉						巳 酉 會		酉 未 衰				
√						√		√				
						赤 岳 雉 岳		攫 雉 者 鷹				

論鷄 酉

조선시대 문헌 송남잡식松南雜識에는 '계란에도 뼈가 있다'는 속담에 대한 얘기가 나온다. 정승 황희黃喜의 집이 가난해서 임금이 하루 동안 남대문으로 들어오는 물건은 모두 황희의 집으로 보내라 일렀다. 그런데 하필 그날 종일 비가 와서 아무 것도 들어오는 게 없다가 저녁이 되어서야 달걀 한 꾸러미가 들어왔다. 황희가 달걀을 삶아 놓고 보니 모두 곯아서 먹을 수가 없었다는 데서 나온 말이 계란유골鷄卵有骨이다. '곯았다'는 '곯'의 음과 골骨이 발음이 비슷해서 와전된 말로 복이 없는 사람은 아무리 좋은 기회를 만나도 덕을 못 본다는 얘기다. 남대문으로 들어온 계란은 午와 酉의 물상이다. 酉는 午에서 병病이 드니 곯기 마련이다.

"옛사람이 이르되 암탉은 아침에 울지 않는다고 했다. 또 암탉이 새벽에 울면 집안이 망한다고 했다. 그런데 오늘날 은殷나라 왕, 주紂는 여인의 말만을 듣고 있다. 조상의 제사를 전혀 돌보지 않고 한 조상을 모신 백이伯夷와 숙제叔齊 형제들도 전혀 돌보지 않으며, 그들을 임용하지도 않았다."

서경書經의 목서편牧誓篇에 나오는 무왕의 말이다. 여기서 암탉이 새벽에 우는 일을 맡았다는 뜻으로 쓰인 말이 빈계사신牝鷄司晨이다. 아내가 남편의 할 일을 가로막아 자기 마음대로 처리함을 비꼬아 표현한 성어다. 신晨은 진시辰時를 가리키기도 한다. 酉는 辰에 입묘入墓한다. 그런데 암탉의 울음이 나쁜 것만은 아니다. 시경詩經에는 계명지조鷄鳴之助란 말이 있다. 옛날 임금의 어진 비妃는 새벽이면 왕에게 일찍 일어나기를 권하여 밝은 정사政事를 도왔다는 것이다. 결국 타이밍을 맞추지 못하는 닭 울음이 문제란 얘기다.

구계옥제拘鷄屋睇, '닭 쫓던 개 지붕 쳐다보기'라는 속담이 있다. 일에 실패하고 낙심만 한다는 말이다. 개는 닭에게 당한다. 戌이 酉에서 사死하는 까닭이다. 계돈동사鷄豚同社라는 말이 있다. 닭과 돼지가 한데 어울린다는 뜻으로 같은 고향 사람끼리 서로 친목을 도모할 때 쓰는 표현이다. 酉와 亥는 각기 목욕沐浴의 글자 조합이다. 서로의 히스토리를 다 아니 별반 허물될 게 없는 사이란 뜻이기도 하다. 소를 삶을 수 있는 큰 가마솥은 닭을 삶는 데에는 알맞지 않다. 달리 말해 큰 재목은 소소한 일을 처리하는데 걸맞지 않음을 비유한 말이 우정팽계牛鼎烹鷄다. 결국 큰 솥에 닭을 삶았으니 나온 말 아닌가? 고사에 소를 대신해 닭이 피해를 보는 경우가 적지 않다. 우도할계牛刀割鷄가 그런 경우다. 풍증風症에 금禁하는 네 가지의 음식물, 계저주면鷄猪酒麪은 닭고기·돼지고기·술·메밀국수다. 乙木은 바람風인데 乙이 亥에서 사死하고, 酉에서 절絶하는 까닭이다.

*memory

鷄	子	丑	寅	卯	辰	巳	午	未	申	酉	戌	亥
酉		酉 丑 會		卯 酉 沖	酉 辰 墓		酉 午 病				戌 酉 死	亥 酉 浴
√		√		√	√		√				√	√
		牛 鼎 烹 鷄		鷄 猪 酒 麪	牝 鷄 司 晨		鷄 卵 有 骨				拘 鷄 屋 睇	鷄 豚 同 社

論鳶 酉 辛*

간혹 사람들이 인생의 전환점에 대해 말할 때 솔개의 일생을 거론할 때가 있다. 솔개는 가장 장수하는 조류로 알려져 있다. 보통 수명이 70년가량 되는데 장수하려면 대략 40살 정도가 되었을 때 중대한 결심을 해야 한다. 이때는 발톱이 노화되어 사냥감을 그다지 효과적으로 잡아챌 수 없게 된다. 부리도 길게 자라 구부러져 가슴에 닿을 정도가 되고, 깃털 또한 짙고 두껍게 자라 날개가 무거우니 하늘로 날아오르기가 갈수록 힘들어진다. 이즈음에 솔개에게는 두 가지 옵션만이 남는다. 하나는 그대로 죽을 날을 기다리는 것이다. 또 하나는 약 반년에 걸친 고통스런 갱생 과정을 거쳐야 한다. 후자를 선택한 솔개는 먼저 산 정상 부근으로 높이 날아올라 그곳에 둥지를 트고 머물며 고통스런 수행을 시작한다. 우선 부리로 바위를 쪼아 부리가 깨지고 빠지게 만든다. 그러면 서서히 새로운 부리가 돋아나는 것이다. 다음으로 새로

돋은 부리로 발톱을 하나하나 뽑는다. 새로 발톱이 돋아나면 이번에는 날개의 깃털을 하나하나 뽑아낸다. 이러한 고통을 겪고 나면 새 깃털이 돋아난 솔개는 완전히 새로운 모습으로 변신하게 된다. 환골탈태換骨奪胎다. 그리고 다시 힘차게 하늘로 날아올라 남은 30년의 수명을 나이스하게 누린다. 변화와 개혁을 위해서는 때로 묵은 습관과 전통을 포기할 필요도 있다는 애기다. 그러나 솔개의 이야기는 하나의 가공된 삽화에 지나지 않는다. 부리가 재생되어 다시 난다는 것은 생명체에서 만무한 일이다. 현실에서 솔개는 부리가 망가지면 죽는다. 그러니 실상에서 변화와 개혁은 거개 용두사미龍頭蛇尾로 끝나고 마는 경우가 허다하다. 눈부신 성공은 항상 예외적인 경우다. 그렇다고 해서 수명 40년을 넘긴 솔개가 없다고 단정하는 게 아니다. '팔자허자론'의 말미에는 서락오徐樂吾의 견해를 인용한 대목이 있다. "運命轉移之機, 至捷至微. 非有破家拾命之決心, 非拾棄私人利害之觀念, 不可得也." 한 마디로 운명을 바꾸려면 목숨을 끊을 정도의 결단만이 유효하다는 뜻이다.

명리命理는 말한다. 마음이 가는대로, 주어진 수분守分대로 사는 게 상책이라고. 하늘에 솔개가 날고 물속에

고기가 뛰어노는 게 자연스럽고 조화롭다. 다 저마다 나름대로 타고난 길을 가는 것이다. 만물이 각기 법칙에 따라 자연스럽게 살아가면 전체적으로 천지는 조화를 이루는 게 우주의 도道다. 연비어약 鳶飛魚躍이 바로 이 말이다. 그런데 酉와 亥는 서로 욕패浴敗이 조합이다. 그렇다면 辛亥가 불리하기만 할까? 그렇지 않다. 무릇 辛은 亥를 기뻐한다. 辛日은 겨울에 태어남을 기뻐한다. 주옥珠玉은 도세淘洗가 마땅하며 이로써 청수淸秀해진다. 결론하자면 酉는 亥를 보아 나쁠 게 없다. 솔개가 쥐를 낚아채는 맹금렵서猛禽獵鼠의 子酉破 물상이 겹치지 않는 한 말이다. 반대로 亥가 酉를 보면 욕패浴敗의 불리함을 면키 어렵다.

*memory

鳶	子	丑	寅	卯	辰	巳	午	未	申	酉	戌	亥
酉辛	酉子生											辛亥浴
√	√											√
	猛禽獵鼠											淘洗珠玉

論狗 戌

보통 견犬은 큰 개고, 구狗는 작은 개라고 하나 그 구분이 명확하지는 않다. 자신을 낮추는 데에도 쓰니 견마지로犬馬之勞나 견마지력犬馬之力은 윗사람에게 자기의 노력이나 능력을 낮춰 이르는 말이다. 견토지쟁犬兎之爭은 전국책戰國策의 제책齊策에 나오는 말로 개와 토끼의 다툼이 서로에게 무익한 결과를 가져온 삽화에서 유래됐다.

"한자로韓子盧는 세상에서 가장 빠른 개였고, 동곽준東郭逡은 천하에서 가장 빠른 토끼였다. 어느 날 한자로가 동곽준을 잡으려고 뒤쫓기 시작했다. 그들은 쫓고 쫓으며 수십 리에 이르는 산기슭을 세 바퀴나 돈 다음 다시 높은 산꼭대기까지 다섯 번이나 올라갔다 내려오느라 쫓기는 토끼도 쫓는 개도 마침내 둘이 다 기운이 빠져 죽고 말았다. 때마침 그 곳을 지나던 전부田父는 아무

힘도 들이지 않고 개와 토끼 두 마리를 거저 얻어 가지게 됐다."

卯戌合이 긍정적인 합습의 관계가 될 수 없음은 알만한 이들은 다 아는 점이다. 구팽狗烹도 같은 결과다. 양머리를 걸어 놓고 개고기를 판다는 뜻으로 양두구육羊頭狗肉이란 말을 흔히 쓴다. 한마디로 표리부동表裏不同하단 얘긴데. 겉은 훌륭해 보이나 속은 그렇지 못한 것이다. 앞뒤가 맞지 않으니 양과 개는 형刑의 물상을 짓기 쉽다.

개에게는 일종의 예지능력이 있는 것으로 알려졌다. 보통의 애완견도 주인이 야단을 치려고 하면 미리 알고 숨는다. 백제가 망하기 전에 그리고 임진왜란壬辰倭亂이 일어나기 전에 진도의 개들이 일제히 짖었다는 전설 같은 얘기가 전해 내려올 정도다. 이제까지 과학적 연구에 의해 증명된 자료는 없지만 부인할 수 없는 사례들에 의해 동물에게 이런 능력이 있으며 특히 개에게는 이 능력이 더 뛰어난 것으로 보인다. 현재까지의 학문적 연구가 동물의 감각을 이해하는 데 충분하지는 못하지만 이미 특별한 능력을 업으로 가지고 있는 개들도 있다. 이를테면 경고견Alert Dog은 간질癎疾 등의 사전 발작을 경고

하는 역할을 수행한다. 간질 환자의 발작이 언제 일어날지는 의사도 환자 자신도 정확히 알지 못한다. 검사기기로도 예측이 불가능하며 전혀 예고 없이 발생하는 것이 간질 발작이다. 그 이유를 잘 알 수 없지만, 경고견은 발작을 사전에 알 수 있다. 경고견이 환자에게 발작이 일어날 것을 미리 예고해 주면 갑작스러운 변고로 일어날 수 있는 사고를 미리 예방할 수 있다. 아무튼 개는 아주 작은 조짐을 미리 감지하는 능력이 있는 것 같다. 대부분의 개들은 주인의 표정을 살피면서 생활하는 습관이 있다. "개는 주인을 닮고 주인은 고양이를 닮는다"는 말이 있다. 이것은 개와 고양이 중 어느 쪽이 상대방을 잘 관찰하는지를 표현한 말이다. 개는 항상 주인의 행태를 살피기 때문에 그 행동 패턴이 주인을 닮아간다. 그러나 고양이는 주인에게 무관심하다. 항상 자기 페이스대로 생활한다. 오히려 주인이 고양이의 행동을 살펴 대응해야 하는 경향이 있다. 이런 차이는 개와 고양이가 각각 무리 생활과 단독 생활을 영위하는 데서 비롯된다. 개는 원래 서열이 명확한 무리 사회를 이루고 리더의 통제 하에 생활하던 동물이다. 그러니 팔자에 戌이 있는 사람의 행동패턴을 잘 살펴보라. 유사한 점이 있을 것이다. 육감六感이 뛰어난 것은 두말할 필요가 없다.

*memory

狗	子	丑	寅	卯	辰	巳	午	未	申	酉	戌	亥
戌				卯戌合				戌未刑				
√				√				√				
				犬兎之爭				羊頭狗肉				

論狼 戌 戊*

일상에서 처지가 고약하게 되었을 때 '낭패狼狽 보다'는 말을 쓴다. 하는 일마다 실패하면 도처낭패到處狼狽가 된다. '낭'이나 '패'나 다 같이 개사슴록변犭으로 이뤄졌다. 낭패는 산해경山海經에 나타난 전설상의 동물이다. 낭狼은 태어날 때부터 뒷다리 두 개가 없거나 아주 짧다. 그런가 하면 패狽는 앞다리 두 개가 없거나 짧다. 그런 이유로 두 녀석이 걸으려면 어지간히 사이가 좋지 않고서는 넘어지기 일쑤다. 이 두 녀석의 성정이 별스럽다. 낭은 성질이 흉포하지만 지모智謀가 부족하다. 반대로 패는 상대적으로 순한 가운데 지모가 뛰어나다. 그래서 함께 먹이를 찾으러 나갈 때엔 패의 지시를 받을 수밖에 없다. 그러다가도 마음이 바뀌면 문제가 생긴다. 서로 고집을 피우면 움직일 수가 없다. 그러므로 꼼짝없이 굶어 죽을 수밖에 없다. 같은 개사슴록변犭이 달린 동물 이야기로 교활狡猾이 있다. 교활이란 보통 간사하고 꾀가 많다는 뜻으로 쓰는 말이다. 교狡는 옥산玉山에 살며 개와 같지만 표범 무늬를 하고 있다. 머리에는 쇠뿔을 달고 있으니 그 형상이 괴이하다. 울음소리 역시 개와 비슷하다고 적혀 있다. 한 가지 특별한 것은 이놈이 나타나면 그해엔 여지없이 풍작이다. 그런 점에서 교는 길조이며 어느 누구나 반긴다. 그 주변에는 활猾이 있다. 아주 간악하다. 사는 곳은 요광산堯光山인데 몸뚱이에는 돼지털이 나 있으며 동굴 안에서 겨울잠을 잔다. 한소리 기합을 지르듯 울어대면 온 천하가 큰 혼란에 빠져 버린다. 사람들은 모두 흉조의 상징이기 때문에 활을 두려워했다. 교나 활은 호랑이와 같은 맹수를 만나면 몸을 구부려 공처럼 만든다. 호랑이가 입을 벌리고 삼키려 들면 재빨리 입안으로 들어가 내장으로 굴러간 다음에 그것을 파먹는다. 배가 아파 호랑이가 날뛰면 맘껏 내장을 뜯어 먹는 것이다. 호랑이가 아픔을 참지 못하고 뒹굴다가 죽으면 그제야 유유히 걸어 나와 교활한 미소를 짓는다. 여기에서 바로 '교활한 미소'라는 관용구가 생겨났다. 이따금 사납게 지랄을 떨거나, 거칠고 고약스럽게 구는 게 이리의 속성 일면이다. 팔자에 戊나 戌이 있으면 더러 과살戈煞의 기질이 드러날 때가 있다. 낭탐狼貪, 끊임없는 욕심을 부리기도 한다. 팔자에 申이 있고 戌을 보면 개사슴록변犭의 조합이 되어 교활한 기질을 품기 쉽다. 갖은 돼지시변豸의 寅과 겹치면 때때로 사납게 돌변突變하기도 한다. 본초강목本草綱目에 '호랑이가 개를 잡아먹으면 취한다'는 말이 있다.

근래에는 '이리 신드롬'이 중국 대륙을 강타했다. 세계의 중심을 자처하는 중국서 동물의 왕인 사자나 호랑이가 아닌 이리를 추앙하자는 '이리 토템'이 대륙 전체를 달구고 있는 것이다. 왜 수많은 중국인이 느닷없이 '이리 정신을 배우자(學習狼性)'는 이리 신봉자로 변신하고 있는 것일까? 장룽姜戎의 소설 '랑狼투텅'은 베스트셀러로 꼽힌다. 세계 26여 개국에서 번역된 화제의 책이다. 2000년 이상 소농의식에 젖어 있는 양과 같은 중국인들에게 공격적이고 진취적인 늑대를 본받자고 주장한 내용으로 채워졌다. 유교儒教에서 늑대는 악惡의 상징이었다. 그러니 국민성을 개조해야 한다는 저자의 목소리가 단순한 화제를 넘어 뜨거운 논쟁을 일으킬 수밖에 없다. 거개 戌未刑은 구설과 관재의 물상으로 이어지기 쉽다. 저자는 1989년 천안문 사태 이후 18개월을 복역한 전력이 있다.

*memory

狼	子	丑	寅	卯	辰	巳	午	未	申	酉	戌	亥
戌 戌			寅 戌 會						申 戌 衰			
√			√						√			
			突 然 豹 變						狡 猾 狼 狽			

論豺 戌 戌*

승냥이와 이리, 시랑豺狼은 탐욕이 많고 무자비한 사람을 비유해서 쓰는 말이다. 정약용丁若鏞이 쓴 시랑이란 시에는 다음과 같은 구절이 있다. “승냥이야 이리야(시혜랑혜豺兮狼兮), 우리 송아지 채갔으니(기취아독旣取我犢), 우리 양일랑 물지 마라(무서아양毋噬我羊).” 丑戌未 삼형三刑의 물상이다. 戌에 丑과 未는 죽어난다. 다산茶山이 볼 때 위정자란 좀도둑인 쥐보다 더 흉악한 도둑고양이와 같은 존재였다. 그래서 승냥이나 이리보다 가혹한 고을 수령의 탐학貪虐을 고발한 것이다. 시랑은 백성들의 이산을 슬퍼한 시다. 남쪽에 두 마을이 있는데 하나는 용촌龍村이고, 또 하나는 봉촌鳳村이었다. 용촌에 甲이라는 자가, 봉촌에는 乙이라는 자가 각기 살고 있었는데 서로 장난삼아 때린 끝에 乙이 우연히 병들어 죽었다. 두 마을 백성들은 관가의 검시檢屍가 두려워서 甲으로 하여금 자진하도록 권했다. 甲은 흔연히 승낙하고 스스로 목숨을 끊어 마을을 무사하게 만들었다. 그로부터 몇 달이 지난 후에 관리들이 그 사실을 알고는 두 마을의 죄상을 캐면서 돈 3만 냥을 뜯어냈는데 두 마을에서는 그것을 마련하느라 곡식 한 톨 남은 것이 없게 됐다. 그 지독함이 흉년보다 더하자 마을 사람들이 모두 터전을 떠났다. 시랑豺狼과 비슷한 말로 난폭亂暴한 사람을 비유한 시호豺虎가 있다. 팔자에 戌과 申, 戌과 寅, 혹은 戊와 申, 戊와 寅, 庚과 戌이 있으면 사나운 기질을 드러낼 때가 있다고 이미 앞에서 설명했다.

승냥이는 체구는 작지만 무리를 이룸으로써 지니고 있는 능력을 최대한 발휘하는데 성공한 진정한 사회적 동물이다. 아시아 지역을 주 무대로 호랑이나 표범과 같은 대형고양이과 동물들이 사냥한 먹이까지 빼앗을 정도로 많은 야생동물들에게 있어서 무서운 존재다. 집단을 이루어 상대가 지쳐 쓰러질 때까지 끈질기게 추적을 멈추지 않기 때문인데 보통 15~30 마리 정도의 집단을 이룬다. 대체로 수컷의 수가 암컷보다 많은 무리에서 강한 암컷만이 새끼를 갖는다고 한다. 무리가 서로 협력해 사슴이나 대형 동물을 사냥한다. 멧돼지, 산양, 사슴, 고라니, 노루 등도 사냥하지만 설치류, 파충류, 곤충, 과실등도 먹는다. 다른 개과의 동물들이 사냥감의 목을 물어 죽이는 반면 승냥이는 큰 사냥감은 뒤에서 공격하고 작은 사냥감은 물 수 있는 곳이면 어디든지 물어서 죽인다. 사냥방법은 함께 덤불속을 헤쳐 나아가다가 전방에 있는 먹이를 발견하면 모두가 달려들어 잡거나, 무리의 다른 승냥이들이 덤불속에 몸을 숨기고 있다가 한 마리가 먹이를 유인해 오면 일제히 포위하여 잡는다. 먹이에 대해 싸우지 않고 빨리 먹는 개체가 더 많은 먹이를 차지할 수 있기 때문에 사냥이 끝나는 즉시 게걸스럽게 사냥감을 먹어 치운다. 승냥이와 이리에 비길 만한 간악한 자가 세력을 얻어 정권을 좌우하는 시랑당로豺狼當路의 현상은 인류 역사에 항상 존재했다. 삶 자체가 고통스럽고 모진 것이다.

*memory

豺	子	丑	寅	卯	辰	巳	午	未	申	酉	戌	亥
戌戌		丑戌刑	寅戌會					戌未刑				
√		√	√					√				
		豺狼取犢	豺虎亂暴					豺狼噬羊				

論豬 亥

삼십육수三十六獸에 亥에는 돼지가 배당된다. 드물게 돼지 이외의 짐승이 속한 자료도 찾을 수 있으나, 이 책에서는 그것을 무시하고 집돼지와 멧돼지로만 구분해서 설명한다. 민속에 돼지는 재운財運을 상징하는 복이 많은 동물로 여겨져 왔다. 과거에 장사를 하는 사람은 돼지가 새끼들을 품에 안고 젖을 물린 사진을 걸어 놓고 일이 잘되기를 빌었다. 새해 첫 돼지날인 상해일上亥日에 영업을 개시하면 한 해 동안 장사가 잘 된다는 속신俗信도 있다. 한 마디로 우리 민족은 예전부터 돼지가 곧 복福과 부富의 상징이라 생각했다. 풍수風水에서도 돼지혈穴에 묘墓를 쓰면 후손이 부자가 된다고 믿었다. 한국인은 꿈에 본 돼지를 대단한 귀물貴物로 친다. 거의 용꿈과 같은 항렬이다. 돼지는 용과 더불어 최상의 길조吉兆인 셈이다. 용은 관귀官貴고 돼지는 부길富吉이다. 용과 돼지의 공통점은 같은 모양의 코다. 그렇다면 돼지

코가 부귀의 키워드일까? 용은 극도로 돼지를 혐오했다. 둘의 궁합은 맞지 않는다는 얘기다. 辰亥怨에 일단은 돼지가 화禍를 당하기 십상이다. 亥水가 辰土에 입묘入墓하는 까닭이다. 그래서인지 각자가 아닌 둘을 붙이면 돼지는 항상 뒤로 밀렸다. 일룡일저一龍一猪, '하나는 용이 되고 또 하나는 돼지가 된다'는 뜻인데 학문學問의 유무有無에 따라 어질고 어리석음의 차이가 아주 심하게 됨을 이르는 말이다. 타인에게 자신의 아들을 낮춰 말할 때 '미련한 자식'이란 뜻으로 가돈家豚 내지 돈아豚兒로 표현한다. 미련하고 못난 사람을 일컬어 돈견豚犬이라 하는데, 세상 물정에 밝지 않아서 암매暗昧한 것이다. 戌과 亥는 라망羅網이자 천문天文이 된다. 戌亥는 곧 역술易術, 도학道學, 종교宗敎, 의술醫術, 철학哲學 등과 연관된다. 어쨌거나 이 같은 류類는 대개 세속 일반의 가치와는 거리가 있다. 속담에 '돼지 윈 발톱'이라는 말은 상궤常軌에서 벗어난 언행을 하거나 평소와 다른 행동을 할 때를 비유한 것이다.

상서로움과 함께 탐욕스러움의 대상으로 돼지가 묘사되는 경우도 흔하다. "장마당 돼지 복숭아 싫달 적 있을까?" 탐욕스러운 사람은 자기 손에 굴러 들어온 이익이나 뇌물 따위를 거절하지 아니함을 이르는 말이다. 욕심이 많고 부끄러움을 모르는 돼지 같은 마음을 시심豕心이라 한다. 명리命理는 사물을 있는 그대로 보고, 받아들이며 양면을 다 수렴하는 안목을 갖추게 한다. 가령 부자의 팔자는 일단 재탐財貪하는 유형에서 가려낼 수 있다. 팔자에 재財가 없다면 부자가 될 수 없고, 부자가 될 마음도 없는 것이다. '그렇지 않다'고 반문하는 학습자가 있을 수 있다. 명운命運에 재관財官이 없어도 부귀富貴한 경우를 얼마든지 봤다는 것이 요지일 터. '팔자허자론八字虛字論'을 일독해보라. 부명富命은 필시 재財를 갖추고 있다. 비록 그것이 허신虛神이라도 말이다. 외격外格의 부귀富貴가 그냥 성립되는 게 아니다.

*memory

猪	子	丑	寅	卯	辰	巳	午	未	申	酉	戌	亥
亥					辰 亥 怨						戌 亥 絶	
√					√						√	
					一 龍 一 猪						羅 網 暗 昧	

論豬 亥 壬*

석기시대 동물상, 조개더미, 토우, 토기 등 고고 출토 유물에서 돼지의 조상 격인 멧돼지 뼈가 많이 출토되는 것으로 보아 가축으로 길들여지기 이전에 야생의 멧돼지가 한반도 전역에 자생하고 있었던 것으로 추정된다. 이러한 고고자료와 위서동이전魏書東夷傳 등의 기록으로 봐서 약 2000년 전에 돼지를 사육하기 시작한 것으로 짐작된다. 우리나라 멧돼지의 외형은 뭉툭한 몸뚱이, 거친 털, 긴 주둥이, 조그만 눈, 빈약한 꼬리 등이 특징이다. 하지만 저돌猪突이란 단어에서 알 수 있듯이, 성이 나서 날뛰며 반격이라도 하면 그 날랜 동작이란 노한 호랑이와 진배없을 정도이다. 멧돼지처럼 앞뒤를 생각하지 않고 용맹스럽게 돌진한다는 뜻에서 한漢나라 왕망王莽이 천하의 죄인과 노예를 모아서 조직한 군대의 이름이 저돌희용猪突豨勇이었다. 멧돼지의 가장 무서운 것은 주둥이 밖으로 솟아난 예리한 송곳니다. 수컷의 아래 견치

犬齒는 나이를 먹을수록 자라 장대하게 되는데, 위턱의 것과 엇물려 갈리는 관계로 언제나 날카로운 칼날모양을 하고 있다. 멧돼지가 이것으로 공격하는 솜씨도 신묘할 정도다. 우리나라 멧돼지는 유럽 멧돼지와 달리 정수리에서 등줄기까지 긴 갈기털이 있다. 또 윗입술에서 뺨을 거쳐 목에 이르기까지 연한 빛깔의 무늬가 있는 것이 특징이다. 멧돼지는 '먹성'과 '야성'의 화신으로 냄새 맡는 데 귀신이다. 몇 리 밖 엽총의 화약 냄새까지 식별해 낼 정도이다. 성깔이 신경질적이고 경계심이 강하며, 전광석화처럼 민첩하고 헤엄도 잘 친다.

공자孔子에게는 그가 사랑했던 문하생인 자로子路가 있었다. 그는 공자보다 9세 아래였고 제자 중에서 최 연장자로 중심적인 인물이었는데 본디 무뢰한으로 성미가 거칠었다. 그러나 공자의 훈계로 문하에 입문한 뒤로부터는 꾸밈없고 소박한 인품이 나타나 스승을 헌신적으로 섬겼다. 사제師弟 간의 친분이 논어論語에 잘 표현되어 있다. 자로는 스승의 가르침을 받으면 실천에 옮기는 인물이었다. 공자는 그를 가르침에 있어, 도의를 표준으로 했을 때라야 비로소 용기의 가치가 있음을 강조하여 그의 남보다 앞서는 용기와 적극성을 교정했다. 뒤에 위衛

나라에서 벼슬했는데, 내란이 일어났을 때 스스로 도의적 입장에서 전사戰死를 택했다. 내란 소식을 들었을 때 공자는 그의 죽음을 예언했다. 관계패가冠鷄佩猳라는 말이 있다. 수탉을 관모로, 멧돼지를 허리에 찼다는 뜻으로, 용맹하고 마음이 곧음을 이르는 말인데 어딘가 한곳은 비었다는 얘기다. 공자의 제자가 되기 전의 자로의 모습을 이르는 말로 사제의 연을 맺기 전에 자로는 공자의 명성에 질투심을 느끼고 닭과 돼지를 몰고 공자의 강의실에 나타나 강의실을 엉망진창으로 만들어 놓았던 적이 있었기 때문이다. 아무튼 공자는 이 같은 자로의 순진함을 좋아했다. 원래 상관傷官은 일단 감복感服하게 되면 충의忠義를 드러내는 법이다. 酉와 亥는 각기 욕패浴敗의 조합으로 일단 불리한 작용을 하기 쉽다. 그런데 辛과 壬의 십간十干 관계는 대개 양호하다. 辛과 亥도 귀貴가 나타난다. 酉亥는 그 자체로는 청수淸秀하나, 형충파해刑沖破害가 섞이면 탈이 나기 일쑤다.

*memory

貛	子	丑	寅	卯	辰	巳	午	未	申	酉	戌	亥
亥										酉 亥 浴		
√										√		
										冠 鷄 佩 猳		

外篇

三十六禽

寅(인)	卯(묘)	辰(진)	巳(사)	午(오)	未(미)	申(신)	酉(유)	戌(술)	亥(해)	子(자)	丑(축)
狸(리)[1]	蝟(위)[1]	龍(룡)[1]	鱓(선)[1]	鹿(록)[1]	羊(양)[1]	猫(묘)[1]	雉(치)[1]	狗(구)[1]	豚(돈)[1]	燕(연)[1]	牛(우)[1]
豹(표)[2]	兎(토)[2]	鮫(교)[2]	蚯(구)[2]	馬(마)[2]	鷹(응)[2]	猿(원)[2]	鷄(계)[2]	狼(낭)[2]	猪(저)[2]	鼠(서)[2]	蟹(해)[2]
虎(호)[3]	貒(단)[3]	魚(어)[3]	蛇(사)[3]	獐(장)[3]	雁(안)[3]	猴(후)[3]	鳶(연)[3]	豺(시)[3]	貛(환)[3]	蝠(복)[3]	鱉(별)[3]

삼십육수三十六獸란 십이지十二支에 각각 셋씩 벼른 서른여섯 가지의 짐승을 말한다. 곧 자子의 제비 · 쥐 · 박쥐, 축丑의 소 · 게 · 자라, 인寅의 너구리 · 표범 · 범,

묘卯의 고슴도치·토끼·오소리, 진辰의 용·교룡·물고기, 사巳의 드렁허리·지렁이·뱀, 오午의 사슴·노루·말, 미未의 양·매·기러기, 신申의 고양이·원숭이·후猴(유狖), 유酉의 꿩·닭·까마귀, 술戌의 개·이리·늑대, 해亥의 돼지·유䍽·멧돼지를 말한다. 오행대의 五行大義와 본생경本生經, 그리고 '명리36금수'의 분류가 약간 차이가 있다.

고인古人들은 서른여섯 가지의 짐승을 12시時에 별러 한 개인의 명운命運을 해석할 수 있었다고 전해진다. 또 불가佛家에서는 각각 그 때에 나타나 좌선坐禪하는 이를 괴롭힌다는 36의 동물動物로 전해진다. 아무튼 술수術數에 관한한 실제적인 기록이 현존하지 않으므로 근자에 발표된 '명리36금수'는 이수명리李修命理의 오리지낼러티가 살아있는 특출한 컬렉션으로 남을 것이다. 외편外篇에서는 '명리36금수'의 각 동물별로 골자가 되는 성어成語들을 따로 모아 정리했다. 성어들의 의미를 반복해서 새기고, 해당 금수禽獸의 설명을 살펴 각 글자의 조합 관계를 동물의 생태와 관련지어 사유하면 자연스레 팔자를 해석하는 실마리를 찾을 수 있다.

鷰

燕	子	丑	寅	卯	辰	巳	午	未	申	酉	戌	亥
子壬			子寅浴	子卯刑		壬巳絶		子未害		子酉破	子戌衰	
√			√	√		√		√		√	√	
			燕敗於寅	卯病子生		蛇劫燕雛		燕雁代飛		燕怕金烏	燕巢落庭	

鼠

鼠	子	丑	寅	卯	辰	巳	午	未	申	酉	戌	亥
子	子子着	子丑合		子卯刑	子辰會		子午沖		申子會			
√	√	√		√	√		√		√			
	暮鼠豊富	首鼠兩端		貓食野鼠	鼠棲息船		馬食鼠屎		窮鼠齧猫			

蝠

蝠	子	丑	寅	卯	辰	巳	午	未	申	酉	戌	亥
子癸			子寅浴	子卯刑	癸辰養	子巳胎		子未墓	申子死	癸酉病		
√			√	√	√	√		√	√	√		
			狸危翼手	夜禽獵蝠	蝙蝠休窟	胎刑蛇入		蝙蝠失窠	猫煞蝙蝠	金多水濁		

牛

牛	子	丑	寅	卯	辰	巳	午	未	申	酉	戌	亥
丑	子丑合		丑寅浴			巳丑合	丑午害	丑未沖		酉丑會	丑戌刑	
√	√		√			√	√	√		√	√	
	鼠牛同伴		虎生牛敗			牛蛇神功	牛頭馬肉	矯角殺牛		牛刀割鷄	牛狗靈媒	

蟹

蟹	子	丑	寅	卯	辰	巳	午	未	申	酉	戌	亥
丑己	己子絶	己丑墓	己寅死		丑辰破	巳丑合			己申浴			
√	√	√	√		√	√			√			
	蟹醢蟹胥	動蟹免沒	落湯螃蟹		蟹食幼魚	蟹蟬同類			獼猴食蟹			

鱉

鱉	子	丑	寅	卯	辰	巳	午	未	申	酉	戌	亥
丑己	己子絶	丑丑着			丑辰破	巳丑合	己午旺	丑未沖	己申浴	酉丑養	丑戌刑	
√						√	√		√	√		
						蛇鼈不戰	馬軍食鱉		獼猴欺鼈	龍鳳養生		

狸

狸	子	丑	寅	卯	辰	巳	午	未	申	酉	戌	亥
寅	寅子浴		寅寅祿	寅卯旺		寅巳刑		寅未鬼	寅申沖	寅酉怨	寅戌合	
√	√		√	√		√		√	√	√	√	
	狸鼠同死		狐狸同類	狐死兎泣		車馬轢狸		白裘墓死	狸猫怨讐	飢狸擊鷄	狸狗不爭	

豹

豹	子	丑	寅	卯	辰	巳	午	未	申	酉	戌	亥
寅		寅丑帶					寅午死	寅未鬼	寅申沖	寅酉怨	寅戌合	寅亥生
√		√					√	√	√	√	√	√
		豹食牦牛					豹殺鹿獐	豹食山羊	窮豹獵猴	飢豹擊鷄	犬不欺豹	豹食山猪

虎

虎	子	丑	寅	卯	辰	巳	午	未	申	酉	戌	亥
寅甲					寅辰帶	寅巳刑	寅午會	寅未鬼	寅申沖	寅酉怨	寅戌合	
√					√	√	√	√	√	√	√	
					龍虎相搏	虎頭蛇尾	心身障碍	羊質虎皮	不免虎口	猛禽之利	狼貪虎視	

蝟

蝟	子	丑	寅	卯	辰	巳	午	未	申	酉	戌	亥
卯甲	卯子病					卯巳浴				卯酉沖	卯戌合	
√	√					√				√	√	
	蝟蝟葛藤					蝟食蚯蚓				梟飛蝟縮	蝟見犬括	

兎

兎	子	丑	寅	卯	辰	巳	午	未	申	酉	戌	亥
卯	子卯刑		卯寅旺				午卯破		卯申胎	卯酉沖	卯戌合	
√	√		√				√		√	√	√	
	滚浪桃花		兎死狐悲				走獐落兎		金烏玉兎	兎羅稚罹	兎死狗烹	

貓

貓	子	丑	寅	卯	辰	巳	午	未	申	酉	戌	亥
卯乙		己卯病			卯辰害	卯巳浴		卯未會	卯申鬼			
√		√			√	√		√	√			
		角貓食蟹			貓食淡魚	貓食蛇類		飛鷹獵貓	猫誘獼猴			

龍

龍	子	丑	寅	卯	辰	巳	午	未	申	酉	戌	亥
辰	子辰會		辰寅生	辰卯害		辰巳祿			申辰合		辰戌沖	辰亥鬼
√	√		√	√		√			√		√	√
	龍造雲雨		龍行虎步	龍頭蛇尾		雲蒸龍變			得雨飛龍		黃巢自決	龍嫌猪鼻

蛟

蛟	子	丑	寅	卯	辰	巳	午	未	申	酉	戌	亥
辰	子辰會	丑辰破			辰辰刑				申辰合			
√	√	√			√				√			
	蛟招細雨	鼈恩魚類			蛟龍相爭				蛟龍得水			

魚

魚	子	丑	寅	卯	辰	巳	午	未	申	酉	戌	亥
辰	子辰會	丑辰破		辰卯浴		辰巳網		辰未衰		辰酉合	辰戌沖	辰亥絶
√	√	√		√		√		√		√	√	√
	猛魚擊鼠	猛魚攻牛		貓食淡魚		魚魯不辨		魚網鴻離		猛禽獲魚	池魚之殃	一網打盡

鱓

鱓	子	丑	寅	卯	辰	巳	午	未	申	酉	戌	亥
巳	子巳胎	巳丑合				巳巳祿				巳酉會	巳戌鬼	
√	√	√				√				√	√	
	鱓魚持水	泥中之蓮				鰹促鰍魚				切斷鱓魚	鱓狗癨亂	

蚯

蚯	子	丑	寅	卯	辰	巳	午	未	申	酉	戌	亥
巳		巳丑合		巳卯浴	辰巳網			巳未衰	巳申刑	巳酉死		
√		√		√	√			√	√	√		
		蚯蚓地龍		貒蝟食蚯	以蚓投魚			雁食蚯蚓	猫切蚯蚓	勤鳥食蚯		

蛇

蛇	子	丑	寅	卯	辰	巳	午	未	申	酉	戌	亥
巳丙			寅巳病							巳酉會		巳亥沖
√			√							√		√
			狐傚咬蛇							春蚓秋蛇		封豕長蛇

鹿

鹿	子	丑	寅	卯	辰	巳	午	未	申	酉	戌	亥
午丙				午卯破				午未合			午戌養	
√				√				√			√	
				逐鹿失兎				鹿羊吉獸			豺尙鹿活	

馬

馬	子	丑	寅	卯	辰	巳	午	未	申	酉	戌	亥
午		丑午鬼	寅午死						申午浴		午戌會	
√		√	√						√		√	
		童牛角馬	馬耳東風						意馬心猿		犬馬之忠	

獐

獐	子	丑	寅	卯	辰	巳	午	未	申	酉	戌	亥
午			寅午死	午卯破							午戌墓	丁亥胎
√			√	√							√	√
			避獐逢虎	逐獐失兎							豺害鹿獐	木川豚獐

羊

羊	子	丑	寅	卯	辰	巳	午	未	申	酉	戌	亥
未		丑未沖	寅未鬼								戌未刑	
√		√	√								√	
		蚊走牛羊	羝羊觸藩								犬羊之質	

鷹

鷹	子	丑	寅	卯	辰	巳	午	未	申	酉	戌	亥
未			寅未怨	卯未會						未酉生		
√			√	√						√		
			鷹視虎步	鷹獵野兎						老鷹啄雉		

雁

雁	子	丑	寅	卯	辰	巳	午	未	申	酉	戌	亥
未	子未害						午未合					
√	√						√					
	燕鴻之歎						馬鴻走飛					

貓

貓	子	丑	寅	卯	辰	巳		未	申	酉	戌	亥
申	申子會					巳申刑						
√	√					√						
	猫鼠同眠					貓蛇背恩						

猴

猴	子	丑	寅	卯	辰	巳	午	未	申	酉	戌	亥
申庚			寅申沖				申午浴	庚未帶			申戌衰	
√			√				√	√			√	
			東國無猴				意馬心猿	沐猴而冠			犬猿之間	

雉

雉	子	丑	寅	卯	辰	巳	午	未	申	酉	戌	亥
酉						巳酉會		酉未衰				
√						√		√				
						赤岳雉岳		攫雉者鷹				

鷄

鷄	子	丑	寅	卯	辰	巳	午	未	申	酉	戌	亥
酉		酉丑會		卯酉沖	酉辰墓		酉午病				戌酉死	亥酉浴
√		√		√	√		√				√	√
		牛鼎烹鷄		鷄猪酒麪	牝鷄司晨		鷄卵有骨				拘鷄屋睇	鷄豚同社

鳶

鳶	子	丑	寅	卯	辰	巳	午	未	申	酉	戌	亥
酉辛	酉子生											辛亥浴
√	√											√
	猛禽獵鼠											淘洗珠玉

狗

狗	子	丑	寅	卯	辰	巳	午	未	申	酉	戌	亥
戌				卯戌合				戌未刑				
√				√				√				
				犬兎之爭				羊頭狗肉				

狼

狼	子	丑	寅	卯	辰	巳	午	未	申	酉	戌	亥
戌戌			寅戌會						申戌衰			
√			√						√			
			突然豹變						狡猾狼狽			

豺

豺	子	丑	寅	卯	辰	巳	午	未	申	酉	戌	亥
戌戌		丑戌刑	寅戌會					戌未刑				
√		√	√					√				
		豺狼取犢	豺虎亂暴					豺狼噬羊				

豬

猪	子	丑	寅	卯	辰	巳	午	未	申	酉	戌	亥
亥					辰亥怨						戌亥絶	
√					√						√	
					一龍一猪						羅網暗昧	

貛

貛	子	丑	寅	卯	辰	巳	午	未	申	酉	戌	亥
亥										酉亥浴		
√										√		
										冠鷄佩猳		

結語

고래로 무수한 명리서 중에 '명리36금수'와 같이 특별한 책은 일찍이 없었다. 이 책은 이수문파 고유의 물상포태술物象胞胎術의 비결이 녹아든 고급 학습서인 동시에 일반 독자도 무리 없이 읽어나갈 수 있는 교양서이기도 하다. 원래 '명리36금수'는 존사尊師께서 이미 상권을 저술·발간하셨고, 이로써 지지地支의 각 글자 조합 관계가 모두 설명되었다. 그래서 하권下卷은 정해진 모양과 형식에 따라 문제자들도 집필이 가능하게 됐다. 그럼에도 불구하고 명리36금수는 비단 명리命理의 지식뿐만 아니라 종횡으로 학문간 지식의 경계의 영역을 허무는 박식함이 전제되어야만 내용을 온전히 설명할 수 있기에 어렵고도 어려운 일이 됐다. 책의 부피는 가벼워도 진도는 몹시 더디었다. 스승께서는 하루나절 단박에 나가는 길이 제자들에게는 천리 길보다 멀리 느껴진다. 자애로운 독려에 힙 입어 겨우 마치고 보니 결국 '뱁새가 황새

따라가는 꼴'이 됐다. 강호에 졸저를 선보이려니 부끄러운 마음이 앞선다. 용서를 비는 마음으로 독자들의 조언과 질책은 얼마든지 달게 받을 것이다. 또 이 책의 내용과 관련해서 궁금한 점이 있거나 문의할 점이 있다면 언제든지 필자의 메일 계정으로 물어볼 수 있다. 성심껏 답변할 마음 자세를 갖추고 강호의 명리학도들과 함께 공부하고자 한다.

2008년 우란분절을 앞두고, 저자 識

命理十干基礎

一. 春甲喜洩秋庚喜剋

寅月 甲木은 丙火를 기뻐하고, 庚金을 기피한다. 申月 庚金은 丁火를 기뻐하고, 壬水를 기피한다. 이것이 바로 金과 木의 다른 성질이다. 까닭에 춘목春木이 金을 용用하거나, 秋金이 水를 용用하면 상격上格이 될 수 없다. 단 辛金은 壬水의 도세淘洗를 매우 기뻐한다. 이것은 금수상관金水傷官의 청수淸秀한 기氣를 드러내기 때문이다. 癸水는 꺼린다. 이때는 금다수탁金多水濁이라 말한다.

二. 丙火解冬調喉, 丁火製鍊剋洩

丙火는 해동과 조후, 丁火는 제련과 극설의 효용에 주안을 둔다. 동목冬木은 丙火가 최상이다. 한곡회춘寒谷回

春으로 격格이 높아진다. 寅月 甲木이 丙火를 보면 해동解冬의 반생지공反生之功을 이루고, 卯月 甲木이 丁火를 보면 목화통명木火通明이 되어 다 같이 귀貴한 것이다.

三. 秋木反喜金氣肅殺

춘목春木은 庚辛金을 꺼리지만, 추목秋木은 극제剋制가 두렵지 않다. 그래도 木은 火가 있어야 상격上格을 이룬다. 추을秋乙이 辛金을 볼 때 丁火가 있다면 상중상上中上이다. 추갑秋甲이 庚金을 볼 때 丙火가 있어야 상격上格이다. 왜 乙辛丁, 甲庚丙을 따로 말하는가? 팔자八字는 청순淸純한 것을 제일로 친다. 그래서 기氣와 질質은 섞이지 않는 게 좋다.

四. 水火希相濟

丙火가 壬水를 보고, 壬水가 丙火를 보면 귀貴를 말할 수 있다. 壬과 丙에 木이 통관通貫하면 귀명貴命이 되지 않는 것이 없다.

五. 夏木喜不晴不雨

丙火는 壬水를 기뻐하나 癸水는 빛을 가리는 구름과 같아 기피한다. 다만 하목夏木이 丙癸를 보면 불청불우不晴不雨로 귀명貴命을 이룬다.

六. 木火傷官喜見水, 金水傷官喜見火

하목夏木은 壬癸水, 동금冬金은 丙丁火가 투透해야 귀貴를 논할 수 있다. 상관傷官이 정관正官을 보아도 파격破格을 말하지 않는 게 금수상관희견화金水傷官喜見火의 경우다. 목화상관木火傷官이 토재土財를 보아도 水가 없으면 귀貴하지 않다. 조토불심령수燥土不甚靈秀한 까닭이다. 금수상관金水傷官이 목재木財를 보아도 火가 없으면 귀貴하지 않다. 동수불능생목凍水不能生木하기 때문이다. 이때 壬과 丁은 통근通根의 요건을 갖추어야 하고, 丙과 癸는 세력을 논할 필요가 없다.

七. 丙癸寒暖, 壬丁燥濕

丙癸은 한난寒暖을 주관한다. 이것은 팔자八字에 투透해야 만물을 발육하는 효용이 나타난다. 대개 추동秋冬

에 癸水가 드러나면 설상雪霜으로 변하니 그것을 혐오한다. 이 같은 이치는 오행五行의 생극生剋으로 설명하는 게 아니다. 지도地道에 조습燥濕이 있다. 壬丁이 모두 장간臟干에서 숨 쉬면 생의生意가 이어져 구원을 받는다.

八. 酉月庚金丙丁竝用

관살官殺이 혼잡해도 대귀大貴한 경우가 있다. 酉月庚金이 丙丁을 같이 보면 양인가살陽刃架殺의 극품極品에 이른다.

九. 春夏之水用金發源, 春夏之金用水淘洗

춘하春夏에 태어난 수명水命이 金의 발원發源이 없다면 귀貴를 논하지 않는다. 金이 춘하春夏에 나면 마땅히 水를 기뻐한다. 조토燥土가 생금生金하지 못하기 때문에 반생지공反生之功을 이루는 것이다. 앞에서 지도地道에 조습燥濕이 있다고 했다. 장간 臟干에서 壬水를 보아야 한다. 특히 춘하春夏에 난 辛金은 용삭鎔鑠을 우려해 木火를 절대 기피한다. 반드시 水를 취해 도세淘洗해야 한다.

十. 丁火不離甲木庚金

적천수滴天髓에 이르길, 丁火는 적모嫡母가 있으면 가춘가동可春可冬이라 했다. 난강망欄江網에 庚金이 벽갑인정劈甲引丁한다 했다. 丁火는 甲木이 없으면 불을 붙일 수 없고, 甲木이 있어도 庚金이 없으면 역량을 다 발휘할 수가 없다. 甲木이 없으면 귀貴하지 않고, 庚金이 없으면 귀貴가 높아지지 않는다.

李修命理學叢書

❑ 八字術 必殺技(A Deathblow)

이 수|장서원|2004.06.01|366p

❑ 子平眞詮 리뷰 I·II

이 수|장서원|2005.04.20|244p
이 수|장서원|2005.07.13|378p

❑ 八字術 파이널블로(Finalblow)

이 수|장서원|2005.09.12|294p

❑ 欄江網 마스터리 I·II·III

이 수|장서원|2006.03.30|330p
이 수|장서원|2006.04.30|337p
이 수|장서원|2006.05.18|385p

❑ 滴天髓摘要 해설

이 수|장서원|2006.03.15|492p

❑ 滴天髓 스펙트럼 I·II

이 수|장서원|2006.04.12|241p
이 수|장서원|2006.04.30|443p

❑ 八字入門 I·II·III·IV·V·VI

Module 1, 干支八字, The Sexagenary Cycle

이 수|2007-11-30|154쪽|223*152mm

Module 2, 五行十星, The Five Elements
이 수|2007-12-14|202쪽|223*152mm
Module 3, 生旺死絶, The rise and fall
이 수|2008-01-12|185쪽|223*152mm
Module 4, 六神物象, Phases of the BaZi
이 수|2007-12-04| 98쪽|223*152mm
Module 5, 空亡秘鑰, Touching the Void
이 수|2007-11-30|154쪽|223*152mm
Module 6, 刑沖會合, The Kaleidoscope of Life
이 수|2008-01-22|110쪽|223*152mm

❑ 八字虛字論
이 수|2008-03-20|244쪽|223*152mm

❑ 命理36禽獸 上
이 수|2008-07-02|107쪽|223*152mm

❑ 스피디 萬歲曆
최이린|2005-04-15|555쪽|257*188mm

❑ 六十甲子人間學(Sexagenary Humanics)
최이린|2008-01-15|318쪽|223*152mm

❑ 八字來情
송은경|2008-02-28|164쪽|223*152mm

❑ 胞胎珍技
최이린|2008-05-07|196쪽|223*152mm

❑ 命理物象實戰57招
이수명리학회 해운대포럼|2008-05-27|111쪽|257*188mm

❑ 五行干支叢論

전경백 | 2008-06-12 | 224쪽 | 223*152㎜

❑ 窮通寶鑑一讀

우석현 | 2008-06-12 | 300쪽 | 223*152㎜

❑ 李修八字虛字論講解

권오인 | 2008-06-20 | 192쪽 | 257*188㎜

❑ 刑沖會合精解

박 염 | 2008-06-20 | 125쪽 | 223*152㎜

❑ 神煞括要 I

천세진·김경록 | 2008-07-02 | 142쪽 | 223*152㎜

❑ 空亡秘鑰十八技

신윤석·서금석 | 2008-07-12 | 174쪽 | 223*152㎜

❑ 李修十干論大突破

❑ 한권으로 읽는 이수명리학

❑ 八字命理六神大突破

❑ 神煞括要 II

이수명리학습체계도

1. 팔자학에 처음 입문하는 자는 '팔자입문' 시리즈의 1권인 '干支八字, The Sexagenary Cycle'를 읽는 것이 가장 좋습니다.

- 이수명리학습 초학 과정

1단계	2단계	3단계
간지팔자	육십갑자인간학	팔자래정

2. 취미 삼아 팔자학을 1년 이상 학습한 사람이라면 '적천수 써머리'를 읽는 것이 좋습니다.

- 동호인 학습 과정

1단계	2단계	3단계
적천수써머리	적천수적요해설	이수십간론대돌파

3. 명리학 고전을 1권 이상 독파한 학습자는 '자평진전리뷰'부터 학습을 시작하는 것이 좋습니다.

- 명리학자 학습 과정

1단계	2단계	3단계
자평진전리뷰	난강망마스터리	적천수스펙트럼

4. '이수명리학'에 눈을 떴다고 판단되면 다음과 같은 학습 과정을 거쳐야 합니다.

1단계	2단계	3단계	4단계
팔자술 필살기	팔자술 파이널블로	공망비약	공망비약 십팔기

5. 명리학 전체를 조망하는 수준에 이르렀다면 기본으로 다시 돌아가는 수순을 밟아야합니다.

1단계	2단계	3단계
팔자입문6종	오행간지총론	신살괄요

6. '학'과 '술'을 온전히 겸비한 명리 마스터의 경지로 들어서려면 고급 과정을 거쳐야 합니다.

- 이수명리고급과정

1단계-물상론	2단계-허자론	3단계-합충론
명리물상실전57초	팔자허자론	형충회합
포태진기	이수팔자허자론 강해	형충회합정해

7. '이수명리고급과정'을 학습하면 이수명리학회총서 어느 하나도 빠뜨릴 수 없다는 점을 자연스레 인식하게 됩니다.

1단계	2단계	3단계
적천수적요해설	포태진기	명리36금수

8. 학습이 거의 완성된 단계에서 정점의 실력을 지속적으로 유지하려면 부단한 반복 독서가 이루어져야 합니다.

이중 '명리36금수'는 초학자가 읽어도 무리가 없습니다. 또한 이 책은 술기 절정의 고수들이 학습하는 교재이기도 합니다. 결국 명리의 시종이 곧 하나로 통하는 이치를 깨닫게 됩니다.

지은이

昕曹 전경백
전주 丁亥生
한양대 공대 졸업
이수명리학회장
문하 11회 사사
문파 2대 장문인

無爲心 방영애
경남여고 졸업('75)
부산대 사대 졸업('79)
부산불교전법대학 명리학과 교수
문하13회 사사
이수명리학회 해운대포럼 정회원
LBBC(이수라이터스클럽) 정회원

명리36금수(命理36禽獸)

첫판 1쇄 2008년 9월 29일

지은이 전경백 · 방영애

펴낸이 장석홍

펴낸곳 도서출판 장서원

140-160 서울 용산구 남영동 7-1(201호)

전화 703-5362 팩스 797-5362

등록 제 03-01213호

shjang1011@ hanmail.net

정가 15000원

파본된 책은 바꿔드립니다.